ページの見方

How to use

JN068952

エリア・店名
取材にご協力いただいたお店の正式名称と、おおまかなエリアを表示しています。

Takeoutアイコン
ドリンクやフードが持ち帰りできる場合にはこのアイコンをつけています。

浜松市南区

もへじ珈琲店

もへじコーヒーてん

TAKE OUT

香り豊かな一杯の珈琲が
ウガンダの未来を担う

もともと珈琲の移動販売をしていた店主が、ウガンダ産の珈琲に出会い「その時に飲んだ珈琲の香り、味に感動してウガンダの豆一本でいこう」と心を決め2020年にウガンダ珈琲の店を夫婦でオープン。実際にウガンダの農園にも行き、希少なウガンダ産のアラビカ種の豆を化学肥料を一切使用せず栽培する人達の姿に、決して豊かではない現状を見た。その豆で淹れた美味しい珈琲を日本で売ること

で、ウガンダの生産者の暮らしを支えると決めたという。さらには珈琲豆を買うことでワクチン接種や診療所などの支援にもなるそう。コクのある豊かな香り、そしてやさしい口当たりだけでなくなんとも尊い一杯だ。

店内の壁には世界地図が描かれ、二つの時計は日本とウガンダの時刻。場所は離れていようが珈琲一杯で世界がつながる。奥さんが作るモーニングもランチもメニュー豊富で嬉しい。

浜松市南区の住宅街の中にある隠れ家的
地域に根付いた憩いの場を目指す

MOHEJI COFFEE ROOTS

1. 丁寧にラテアート仕上げていく。アロマが豊かに広がり彩り豊かなウガンダの味。2. こだわりの食パンを使い、見つけたらふわふわの食パンにたっぷりの野菜が入った海老たまごサンド496円 3. モーニング(上)ドリンク+50円でバタートースト、サラダが付く、さらにアボカドとたまごにしらす、濃厚ハワイ風マヨネーズのトッピングは+100円できる 4. なんとも尊のさっこう夫婦が笑顔で迎えてくれる。調理担当は奥さん。お昼の満腹わび定食も人気だ

Take-out Menu
おすすめテイクアウトメニュー

● ドリップコーヒー 486円
● 生ハムマスカルポーネ サンド 507円

もへじ珈琲
浜松市南区三島町1447フェリス三島D
☎090-3483-6328
営日〜木8:30〜18:30 金土曜8:30〜20:00
定休 無 第3火曜
P 4台
URL https://www.mohejicoffee.net/

[テイクアウト]あり
[クレジットカード]可
[席数]テーブル12席　カウンター7席
[喫煙]全席禁煙
[アクセス]JR浜松駅より車で8分

ショップDATA
住所、電話番号、定休日、駐車場、URLなどを記載しています。お店の詳しい情報として、クレジットカードが使えるかなどがここでわかります。

アクセスMAP
お店へ行くまでの簡略化した地図を入れています。

写真
実際にお店に行き、撮りおろした写真です。写真についている番号とリンクさせて内容を説明しています。

Take-out Menu
おすすめのテイクアウトメニューを記載しています。テイクアウトメニューがない場合にはメニュー一覧を載せています。金額は基本的に税込みです。料理名の記載は基本的にお店での書き方に合わせています。

本書に掲載してある情報は、すべて2021年3月現在のものです。
お店の移転、休業、またメニューや料金、営業時間、定休日など情報に変更がある場合もありますので、
事前にお店へご確認してからお出かけください。

浜松
カフェ日和

ときめくお店案内

のんびりカフェでお茶をする。

そんなささやかなことも、
今では新鮮なできごとになりました。

こんな時だからこそ、
お気に入りの特等席で、
ひとり静かに読書をしたり、
おいしいものを食べたり、
ぼんやり外を眺めてみたり。

毎日の生活の合間、ちょっと一休み。
慌ただしい時間に句読点を打てるような、
そんな、おすすめのカフェを紹介します。

fika112

フィーカイチイチニ

自然光と無垢の木の壁やテーブルが心地よい大きな窓でとりこむたっぷりの自然光で無垢材の壁やテーブルが映える

モダンな空間でお茶の時間フィーカを楽しむ

お洒落な家具屋かと一瞬思わせるような黒いモダンな平屋の建物の壁に大きく書かれた店名fika112の白い文字。'fika'フィーカとはスウェーデン語でお茶を飲むという意味。お茶の時間を楽しんで欲しいと名づけた。店内は広い空間を贅沢に活用しており落ち着いたモダンな空間が広がる。無垢の木の壁にテーブル、打ちっぱなしの床、店内にバランスよく配置された大きな植物、ガラス雑貨などシンプルで居心地の良いインテリア。

おすすめのモリモリ野菜のサラダボウルは、地元の旬野菜がたっぷりで大満足のボリューム。他にも牧野さんのその日の気分で、トマトやデミグラス、クリーム、和風ソースに変わる気まぐれソースのオムライスからスイーツ、自家製シロップのドリンクなど女性好みのメニューが並ぶ。フィーカの洗練されたお洒落な時間を思う存分楽しみたい。

上_たくさんの野菜を使ったサラダボウル　バケット付き1,100円。+300円でドリンク、+600円でドリンクとデザート
下_熱々のフレンチトーストに溶けるアイスにたっぷりのメープルシロップで。アイスフレンチトースト750円

1_天井が高く解放感のある店内。　2_グレープフルーツ、ライム、オレンジ、レモンなどの自家製柑橘シロップを使用した柑橘ミックス
ホット　450円　3_無農薬の自家製檸檬シロップに蜂蜜のまろやかな甘さの涼しげなハニー&レモンソーダ　480円

特別な
時間を過ごして

fika112

浜松市南区田尻町112
📞053-441-0818
🕐11:00〜17:00
休月曜
🅿26台
ℍℙhttps://www.instagram.com/
fika112_0218/

【テイクアウト】なし
【クレジットカード】不可
【席数】テーブル18席
【煙草】全席禁煙
【アクセス】遠鉄バス「すずかけ病院」
より徒歩1分

Recommend Menu
おすすめメニュー

● モリモリ野菜のサラダボウル
　　　　　　　　1,100円
● 気まぐれソースのオムライス
　　　　　　　　950円
● アイスフレンチトースト
　　　　　　　　750円
● ガトーショコラ　500円
● ハニー&レモンソーダ　480円

すいか

SUIKA

グルテンフリーの体にも心にも優しいカフェ

シャビーシックなテラスと白い平屋。使い込んだ木の家具をふんだんに使用したぬくもりのある空間に、店主のお母様がセレクトしたアパレルや雑貨、3つの窓にそれぞれかけられているアンティークのレース全てが調和している。

　店主自身が小麦アレルギーだったことからメニューをグルテンフリーに。ランチのハンバーグもパン粉のつなぎはなく牛100%、スイーツも米粉のみ使用。ケーキの下のタルト生地も米粉クッキー作りから全て自家製とこだわっている。人気メニューのハンバーグのソースは、一見普通のトマトソースに見えるがレンコン、玉葱、ナス、キノコ数種、セロリなどを細かくし炒め生のトマトをたっぷり使用し煮込んだ特製野菜ソース。店主が料理好きのお母様が幼い頃から作ってくれていたソースを店でも出したいと実現した今では人気の一品。どれも手間がかかった味で心身ともに癒される。

1_リンゴが沢山入った米粉のりんごケーキのスイーツセット1,000円。甜菜糖のやわらかな甘みとリンゴの酸味がマッチして美味。珈琲ぜんざい、米粉クッキーつき。　2_手作りヨーグルトから作るケフィアヨーグルトドリンク。さらっと飲めてヘルシー。手作りレアチーズケーキと珈琲ぜんざい、米粉クッキーつき1,000円　3_木曜日はアパレル店のみオープン

米粉をベースにした野菜ケーキ、ブロッコリー、きのこ、
玉ねぎ、ナス、赤ピーマン、ソーセージなど入った野菜
ケーキに珈琲ぜんざい付きのスイーツセット1,000円。

アンティークの家具や雑貨が素敵な店内。

すいか

浜松市中区東伊場1-29-23
☎非公開
🕐9:00〜19:00(火・金曜は〜21:00)
休木曜 Ⓟなし
HP facebook.com/CaferossiMCA

【テイクアウト】なし
【クレジットカード】不可
【席数】カウンター5席、テーブル14席
【煙草】禁煙
【アクセス】遠鉄バス「西高入口」より徒歩1分

Recommend menu
おすすめメニュー

● ランチプレートA　1,600円
● ランチプレートB　スイーツ付き　1,900円
● スイーツセット　1,000円
● 6種のハーブティ　500円
● プレーンケフィア　600円

cafe&kitchen LIBERTY

カフェアンドキッチン　リバティ

　おすすめは、なんといっても2018年のオープン以来大好評、うわさの「白いオムライス」。全卵なのに白いオムレツは、米で飼育された鶏から産まれる卵黄が白く栄養価の高い特別な卵を使用。その白い卵のオムレツの上に、北海道花畑牧場のチーズを使用した濃厚でコクのあるチーズクリームソースがたっぷりかかる人気のプレート。ご飯も玉ねぎとしめじの甘みがありチーズとよく合う。数量限定なので、これがを目当て

の人は早めの時間に行くことをおすすめしたい。店主の小野さんが、「カフェで男性が来ても満足してもらえるメニュー作りにしています」というだけあって、量もしっかりあり食べ応え十分。

　カフェメニューの人気は4種のパフェ。どれも引佐牛乳のアイスがのっていて濃厚で美味。そして見た目がなんとも可愛らしいのが人気の理由だろう。季節のパフェもあるので何度も訪れてみたい。

フランスのSTUB社のココットにたっぷりのラクレットチーズ、サラダ、トマト、クラッカーと生ハム、スープ付きの白いオムライスプレート1,980円。+330円でデザート付き

SNS映えする!

LB

うわさの白いオムライスに
濃厚ラクレットソース

1_緑が多く解放感のある広いフロアで、隣のお客さんの会話も気にならない。子供用の椅子もあり　2_オーガニックのガテマラコーヒーに引佐牛乳を使用したカフェラッテ495円　3_たっぷりの引佐牛乳ソフトにブルーベリー、ストロベリー、スポンジケーキ、ベリーのピンクのマカロンが可愛らしいLIBERTYパフェ1,100円

Take-out Menu
おすすめテイクアウトメニュー

● ボトルドリンク　700円

引佐牛乳にブルーベリーソースがたっぷり入った見た目も可愛らしいボトルドリンク。他にもストロベリーもあり。

cafe&kitchen LIBERTY

浜松市北区三方原町311－1
☎053-543-4272
🕐11:00～21:00
休火曜
🅿20台
🌐https://www.hotpepper.jp/strJ001195862/

【テイクアウト】あり
【クレジットカード】不可
【席数】テーブル48席
【煙草】全席禁煙
【アクセス】東名高速三方原ICより車で10分

MEICOFFEE&GALLERY

メイコーヒー　アンド　ギャラリー

若手アーティストを応援したいと、オーナーの髙橋さんが2019年にオープンしたギャラリーカフェ。店内は打ちっぱなしのコンクリートの土間に白を基調にした内装のミニマリズムな造り。店内は、Wi-Fi完備で、個人テーブルごとに電源も設置されているので、ラップトップでの仕事や勉強に対応できるモバイル環境。2Fのギャラリーでは、定期的に写真展やオブジェなど様々な展示が行われているので、アート鑑賞しながら隣のソファ席でゆったり時間を過ごしてみたい。

店のロゴマークにもなっている珈琲は、焙煎屋ぽんぽんのブレンド浅煎りと深煎り。ギャラリー鑑賞は1ドリンク制。朝8時にオープンしているのでトーストモーニングから、88サンドウィチのボリュームのある7種のサンドまで忙しい時間にも気軽に利用できる。定番のまるたやの濃厚なチーズケーキもおすすめだ。

2Fのギャラリースペースには大きなソファ席や
窓際のカウンター席のカフェスペースがある

アートと珈琲を楽しめる街中のギャラリーカフェ

1_まるたやの濃厚なチーズケーキ、ドリンク付き690円　2_初めにカウンターで注文してから2Fのカフェスペースに　3_バタートースト、ヨーグルト、ミニサラダにドリンク付き500円

具だくさんサンド！

Take-out menu
おすすめテイクアウトメニュー

● サンドイッチ

人気の88サンドの7種類のボリュームいっぱいのサンドイッチ、エビかつ＆野菜のサンド2種いりで、ドリンク付き630円

MEICOFFEE＆GALLERY

浜松市中区田町326-31
℡053-451-1324
✉8:00〜17:00
休土、日曜、祝日
Ｐなし
🏠https://www.instagram.com/meicoffee/

【テイクアウト】あり
【クレジットカード】不可
【席数】テーブル18席
【煙草】全席禁煙
【アクセス】浜松駅より徒歩7分

TAKE OUT

INDECO cafe

インデコカフェ

小さな空間に店主のこだわりが詰まったカフェ

サイドディッシュも盛沢山で
食べるのが楽しいチキンプ
レート　1,280円。ガーリッ
ク味のレッドキドニービーン
ズがチキンの塩味とよく合う

北欧の街にありそうなこじんまりとしていてお店の隅々まで気が行き届いていることが感じられる居心地のよいカフェ。アクセサリー作家でもある店主の袴田さんが、まるで自分の家に招いてくれたように笑顔でもてなしてくれる。一人で気軽にカフェタイムでもランチでゆっくり仲間と過ごすのもOK。予約制で夜の営業もあるそうなので様々なシーンに活躍するはず。

人気のランチは彩りが鮮やかで、カフェの定番メニューのチキンプレートだが、野菜のカットや調理法、付け合わせの一つ一つまでしっかり手間をかけて丁寧に作られていることがわかり嬉しくなってくるような味。月に数回市内のイベントに出店し、自家製焼き菓子のレモンケーキ、ガトーショコラも人気。店内では店主が作る可愛らしいブローチやピアスなどのアクセサリーも販売されているのでお気に入りを探してみて。

INDECO cafe

浜松市中区中島2-27-3
☎053-589-3962
✉11:00〜16:00
休土、日曜、月曜
🅿4台
🏠https://www.instagram.com/
indeco_cafe/

【テイクアウト】あり
【クレジットカード】不可
【席数】テーブル8席　カウンター2
テラス4
【煙草】全席禁煙
【アクセス】JR浜松駅から車で5分

1_アクセサリー作家の店主が手作りした可愛らしいクッションなど個性が溢れた空間。店主とのおしゃべりも楽しい　2_陽が入りきもちのよいテラス席も人気だ　3_たっぷりのカフェオレが嬉しい。優しい甘みと酸味が絶妙で人気のレモンケーキとセットで700円。珈琲とセットは640円

Take-out menu
おすすめテイクアウトメニュー

● ベーコンとほうれん草、
オリーブのキッシュ　370円

人気のたっぷりの具材が旬の物に季節で変わるキッシュ。他にもレモンケーキ、タコライス、チキンプレートもテイクアウト可能。

DLoFre's café

ドロフィーズカフェ

　都田に広がる北欧スタイルのドロフィーズの町並み。その丘の上には築70年の古民家のぬくもりを残しながら北欧スタイルで生まれ変わったドロフィーズカフェ。壁一面の窓からは陽が気持ちよく注ぎ奥には北欧の照明器具が優しい灯りをともす。オーガニック、ローフード、地産地消にこだわり北欧のナチュラルでシンプルなライフスタイルを提案する。店内の北欧家具や照明器具は実際にカフェで体感できるのでお気に入りがあればドロフィーズ家具店にて購入も可能だ。

　フード、ドリンク共に地元の野菜を使用し身体に優しいものばかり。グルテンフリーのそば粉のガレット、ベジタリアン対応のソイミートのパスタ、熱を加えないことで酵素をたっぷり取れるロースイーツ、オーガニックジュースなどドロフィーズのぶれない精神が至る所に感じられる。忙しい時にこそ自分を癒しに行きたいカフェだ。

一面南向きの窓が明るい店内に。
ガーデンを楽しみながら寛ぎたい

北欧のスローライフを
体感できるカフェ

1_水で抽出することで、苦み成分のカフェイ
ン、タンニンが溶け出しにくく柔らかでさっぱり
した口当たりの水だしホットダッチコーヒー
495円。珈琲が苦手な方も飲めてしまう優し
い味わい　2_季節の旬の野菜が入った、そ
ば粉100%のドロフィーズノガレットウィン
タースタイル1,386円。冬に美味しい根菜の
さつまいも、カボチャ入り　3_10種類の北
欧の照明が柔らかな雰囲気を作り出す店
内。家具も実際触って吟味して購入できる
のが嬉しい

Recommend Menu
おすすめメニュー

● ドロフィーズノガレット
　ウィンタースタイル　1,386円
● 水出しダッチコーヒー　495円
● 冬野菜とローストチキンのパスタ
　〜フォンデュチーズソース〜
　　　　　　　　　　　1,518円
● 北欧風 温かい4種類の
　ベリータルト　734円
※季節によりメニューがかわる。

DLoFre's café

浜松市北区都田町2858
℡053-525-9001
⌚11:00〜17:00
（LO:食事_16:00、スイーツ&ドリンク16:30）
休火・水曜　Ⓟ50台
Ⓗhttps://dlofre.jp/cafe/

【テイクアウト】なし
【クレジットカード】可
【席数】テーブル30
【煙草】全席禁煙・全施設禁煙
【アクセス】遠鉄バス「横尾」もしくは「都田車庫」より
徒歩10分 天竜浜名湖線「都田駅」より徒歩15分

BONZO COFFEE

ボンゾコーヒー

お得なモーニングや
焼き立てワッフルが魅力

「自家製ワッフルダブル（ミックスベ
リーバニラアイス添え）」730円。ド
リンクとセットで100円引きになる

1_自然の光がたっぷりと差し込む明るい店内。ジャズやソウルのBGMが心地よい　2_ブレンドコーヒーはこくまろブレンドとやわらかブレンドからお好きな方を　3_ランチタイムはドリンクの値段＋580円でいただけるキーマカレー。少し辛めのルーに玉ねぎがたっぷり。ライスに添えられたフライドオニオンが味のアクセントに

大きな窓からたっぷりの太陽光が差し込む明るい店内。訪れるとなぜか懐かしい気持ちになるのは、店主である鈴木さんの人柄ゆえだろうか。モーニングの時間帯は、ドリンクを注文すると地元の人気ベーカリー「ぷらてーろ」で特注した厚切トースト、サラダ、ゆで卵がつく嬉しいサービス付き。また、看板メニューの自家製ワッフルは焼きたてを提供してくれる。外はカリッカリで中はふんわり。あつあつのワッフルなので、トッピングのバターやアイスが溶け出して混ざり合い、幸せな気持ちになる。

厳選して仕入れているコーヒー豆は、オーダーを受けてから挽き、ハンドドリップで丁寧に淹れてくれる。なかでも人気なのが、低温で8時間かけて抽出する水出しアイスコーヒー。ほどよい苦み、豆本来が持つ甘み、そしてコクが混ざり合い、夏場は昼には完売してしまうこともあるそう。

ふらっと立ち寄って

BONZO COFFEE

湖西市吉美961-104
☎053-528-7686
🕐8:30〜18:00
休火・水曜
🅿10台
🏠http://www.bonzo-coffee.jp/

【テイクアウト】なし
【クレジットカード】不可
【席数】カウンター8席、テーブル14席
【煙草】全席禁煙
【アクセス】JR鷲津駅より車で5分

Recommend Menu
おすすめメニュー

● ブレンドコーヒー 450円
● カフェオレ 490円
● 水出しアイスコーヒー 490円
● 自家製焼きたてワッフル 480円〜
● キーマカレー（サラダ付） 800円
● フルーツスムージー 530円

Stationery cafe konohi

ステーショナリーカフェ コノヒ

　光と影の陰影が際立つシンプルな佇まい。旧店舗の建具や床などを組み直して建てた学舎のような店構えに、質感と秀逸なデザインにこだわってセレクトされた文具の静かな存在感。素材の良さを生かした手作りパンや季節のスープなど、konohiを司るすべてを大事にしているのが伝わってくる。それも店主の吉川暢子さんの「今日という日を大切に過ごしてほしい」という想いから。ここに身を置くと「丁寧に暮らしたい」という思いが湧いてくるのも不思議はない。

　文具は海外から買い付けたものを中心に小気味よく陳列。個性的なフォルムや一点ものなど、店主の眼鏡にかなったアイテムは見ているだけで心が躍りそう。表紙はそのままにドイツの古本を装丁し直した手作りの「ヴィンテージノート」もぜひ手に取ってほしい。何気ないものが特別なものに変わる、そんな愛着ある逸品を探しに出かけたい。

古い道具にアイアンの階段など男性的な
雰囲気も併せ持ち、男性の一人客も多い

長く愛されてきた存在感ある文具たち

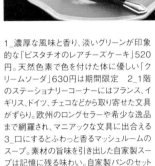

1_濃厚な風味と香り、淡いグリーンが印象的な「ピスタチオのレアチーズケーキ」520円。天然色素で色を付けた体に優しい「クリームソーダ」630円は期間限定　2_1階のステーショナリーコーナーにはフランス、イギリス、ドイツ、チェコなどから取り寄せた文具がずらり。欧州のロングセラーや希少な逸品まで網羅され、マニアックな文具に出合える　3_口にするとふわっと香るマッシュルームのスープ。素材の旨味を引き出した自家製スープは記憶に残る味わい。自家製パンのセットがおすすめ

Recommend Menu
おすすめメニュー

- 自家製スープ&パンのセット　750円
- スープ単品　500円
- ピスタチオのレアチーズケーキ　520円
- konohiブレンド珈琲　480円
- クリームソーダ630円

※ケーキとドリンクセットで50円引き

Stationery cafe konohi

掛川市細谷535-1
☎0537-26-1036
✉12:00～18:00
休月・火曜　🅿10台
🌐konohi.jp

【テイクアウト】自家製パン以外全てテイクアウト可
【クレジットカード】不可（PayPayは可）
【席数】カウンター8席、テーブル19席
【煙草】全席禁煙
【アクセス】天竜浜名湖鉄道
「いこいの広場」駅より徒歩2分

Cafe Soco

カフェソーコ

　住宅街の奥にある倉庫のようなモダンな建物。倉庫のインダストリアルな雰囲気を残しつつスタイリッシュにリノベーションされた店内は、吹き抜けで解放感がありアイアンと木の家具やグリーンがシックに調和している。オープンキッチンにスタッフの声が響く明るい店内。

　「女性好みのヘルシーで美味しくはもちろん、男性にも満足してもらえるメニューにしたい」と話す店主の新藤さん。オーガニックオイル使用で調理法も食感も違うお野菜のバランスが絶妙なサラダプレート、24種のスパイスを使用した15穀米のスープカレーから、しっかりお腹にたまる牛タンまでどれもボリュームもあり大満足。まだちょっと物足りない方には米粉ポテトフライなどのライトミールまで揃う。全てにこだわりたいと話す新藤さん、食材、味、インテリア、オリジナル雑貨までスタッフと日々思考を重ね作り上げている。

全員ボーダーTシャツのスタッフはみんな笑顔いっぱい、フレンドリーで居心地のよい店内

倉庫を改装した
インダストリアルなモダンカフェ

1_解放感のある広い店内で、隣のお客さんの会話も気にならない　2_鶏ガラ、とんこつ、牛こつ、たっぷりの香味野菜を10時間かけて煮込み、更に3時間炒めた玉ねぎ、トマトを加え24種類のスパイスと煮込んだスープカレーは辛さ8段階から選べる。雑穀米にかけるのではなく浸して食べてみて。チキンレッグもお肉がほろほろで美味　3_セットのコーヒー。他にもエスプレッソ、紅茶、ソフトドリンクの中から選べる。+100円でカフェオレ、生クリームコーヒーなど　4_サラダが何種類も入った盛沢山のプレート1,738円　オーガニックオリーブオイルたっぷりでヘルシー

なんだか
落ち着く空間

Recommend Menu
おすすめメニュー

- サラダプレート
  スープ、ドリンク付き　1,738円
- スープカレー
  チキンレッグと野菜　1,738円
- オリジナルきなこ揚げパン
  495円
- ガトーショコラ、チーズケーキ
  330円
- コーヒー　330円（Sweetsとセットで）

Cafe Soco

浜松市東区天王町954-1　非公開
11:30〜16:00　困年末年始　25台
cafe Soco (storeinfo.jp)

【テイクアウト】なし
【クレジットカード】不可
【席数】テーブル60席
【煙草】全席禁煙
【アクセス】浜松ICより車で8分

37CAFE

サンナナカフェ

動物性食品・白砂糖・化学調味料不使用の野菜cafe

3日間素込んだ野菜たっぷりのとろみが入った発酵玄米ごはんのカレープレート1,382円。こちらも野菜がふんだんに登場する。発酵玄米はデトックス効果が強いのも女性には嬉しい

1_シックな店内にカラフルな椅子が可愛らしい。ウッドデッキに面し明るく解放感のある店内　2_野菜の種類の数に驚くキッシュと旬野菜たっぷりプレートスープセット1,408円。卵バターなしでもコクが出るよう隠し味的に自家製味噌で旨みとコクを出す。ビーガンでも満足の食べ応え　3_この日の「自家製○○ネード」は赤紫蘇の色がきれいなしそネード550円。他にもイチゴ、桃、金柑、イチジクのシロップなど　4_紅色が素敵な沖縄のやちむんでスペシャリティコーヒー605円とケーキ

店主の開さんが「好きなものばかりに囲まれていて幸せ」と話すように、店内は彼女の好きな絵画、雑貨、器が並びお洒落なリビングのよう。もともとフランス料理のお店で働いていた開さん、マクロビに出合い食が体に与える影響の大きさを知り更に深く学び、2020年に1Fにマクロビカフェ、2Fに料理教室をオープンした。

フランス料理のようなカトラリーで華やかなランチプレートは野菜の種類も豊富。旬の野菜を見ると次々に新しいレシピが誕生するという開さんの料理は美味しいだけでなく、生き生き美しく、目からも楽しんでもらいたいという思いが伝わる。キッシュも卵、チーズなしでも実にコクがあり美味。スイーツもタルトの生地はグルテンフリーで、カスタードは豆乳ベースとヘルシーなのに乳製品不使用と言われないとわからない程の美味しさ。通いたくなること間違いなしだ。

37CAFE

浜松市南区若林町2826-1
℡053-452-3885
⊠11:30〜18:00(LO.17:00)
困火、木、金曜
℗8台
Ⓗhttps://hirakisanchi37.com/

【テイクアウト】あり
【クレジットカード】不可
【席数】テーブル13席・カウンター4席
【煙草】全席禁煙
【アクセス】遠州鉄道バス浜松駅より
西郵便局下車徒歩10分

Take-out Menu
おすすめテイクアウトメニュー

● 季節のタルトは時価で500円〜

写真のシャインマスカットは1カット700円。
ホールでのテイクアウトも可能。

CALLIES

キャリーズ

　エメラルドグリーンと白を基調に、電飾文字のオブジェ、瓶トップがちりばめられたカウンターは、まるで映画に出てくる古き良き時代のアメリカのダイナーのよう。オープンキッチンからは、ジュージューっとなんとも香ばしいバターでパティをグリルする香り。チーズが大好きというオーナーの本田さんが、試行錯誤して辿り着いたのが、「グリルドチーズのサンドイッチ」。チェダーチーズなど数種類のチーズを独自配合した

ミックスドチーズ、ベーコン、卵を極上バタートーストで挟みグリルする。一口頬張るとサクっとしたバタートーストの下からからジュワッーとたっぷりのチーズとアクセントの蜂蜜やマスタードの味が絡み合い、口の中に広がるチーズ好きにはたまらないサンドイッチだ。他にも地場の野菜をたっぷり使用したボリューミーな定番フレッシュサンドイッチもおすすめ。

エメラルドグリーンを基調にした爽やかな空間、アルファベットのロゴ入りドアなど60年代のアメリカのダイナーを彷彿させる

アメリカのダイナーのような
サンドイッチ専門店

1_牛乳と珈琲の中に板チョコが入ったシェイクは食感も楽しめる。他には、ピーチマンゴー、アサイベリーヨーグルト、ハニーヨーグルトなどもある　2_一番人気のキャリーズサンドウィッチとポテトセット1,100円。クリスピーなポテトも好評。ドリンクはプラス200円　3_プロシュート、モッツァレラチーズ、トマト、紫キャベツなどの地元野菜がふんだんに入る　4_80年代のカセットテーププレイヤーが粋なカウンター席。カウンターでダイナー気分を味わいながら熱々のとろけるグリルドチーズバーガーをガブリ!

ランチ
タイムに

CALLIES

浜松市中区葵西5-5-48
☎053-543-6770
🕙10:00〜20:00(L.O)
休月曜
🅿8台
🌐https://www.hotpepper.jp/
strJ001238947/amp/

【テイクアウト】あり
【クレジットカード】可
【席数】テーブル16席　カウンター4
【煙草】全席禁煙
【アクセス】遠鉄バス「姫街道車庫前」下車

Take-out Menu
おすすめテイクアウトメニュー

●スプラウト　700円

ポークハム、モッツアレラチーズ、スプラウト、紫キャベツなど数種の野菜入り。サンドウィッチメニューは全てテイクアウト可能。

花川
浜松環状線
葵団地
浜松
浜松視覚特別支援
ワークマン・

La Pullman Caffé

ラ プルマン カフェ

TAKE OUT

初めて出合うふわふわ食感のとろけるパンケーキ

一番人気のとろける食感のス
タンダードパンケーキ900円

1_店内には来店した有名人のサインがずらり並ぶ
2_IIACバリスタの資格をもつご夫妻が出してくれるエスプレッソ450円　たっぷりのお砂糖をいれて飲むのが本場イタリア風　3_注文を受けてから佐藤さんが一人で丁寧にパンケーキを仕上げて行く

La Pullman Caffé

浜松市中区板屋町101-4
地研ビル板屋町1F南
📞053-456-5068
✉8:00〜19:00(平日)8:00〜16:00(土日、祝)
休月曜　(月1,2回連休あり)
Ｐなし
🏠https://www.instagram.com/lapullmancaffe/
【テイクアウト】ドリンクのみ
【クレジットカード】不可
【席数】テーブル14席、カウンター4席
【煙草】全席禁煙
【アクセス】JR浜松駅より徒歩5分

take-out menu
おすすめテイクアウトメニュー
●プルマンブレンドコーヒー
　　　　550円
厳選された3種類のスペシャリティコーヒー豆をブレンドし、コク、香り、まろやかな口当たりのコーヒーに仕上がっている。

　2013年にオープンしてから常連客だけでなく新規のお客の足取りもなお途絶えない人気のパンケーキ専門店。お目当てはなんといっても他では味わうことのできない究極のふわふわとろけるパンケーキ。通常ナイフとフォークでいただくパンケーキ、こちらの店ではナイフとスプーンですくうように頂く。パンケーキ好きのオーナーの佐藤さんが研究を重ね辿り着いたふわとろの食感と控えめな甘さと塩気の絶妙なバランスの利いた大人のパンケーキ。注文を受けてからメレンゲを泡立て厳選した小麦粉と絡め丁寧に焼いていくため20分程かかるがその待つ時間も含め優雅なパンケーキ時間だ。

　店主のご夫妻は、世界に100人程しかいないイタリアのIIACバリスタ資格をご夫婦で保持。本場イタリアの豆を使用し、焙煎、マシーンの気圧までこだわり抜いて淹れてもらうエスプレッソを是非ご堪能あれ。

お茶の間のおと

おちゃのまのおと

日本の茶文化を再発見できる
お茶専門店カフェ

靴を脱いで畳のギャ
ラリー空間で鑑賞し
ながらお茶で一服

住宅街に佇む一軒家の緑の暖簾をくぐり入店すると、一瞬でお茶の香りに包まれ、日本人なら普段お茶を淹れずともどこかほっとするはず。無垢の木をあしらった吹き抜けの解放感溢れ陽が降り注ぐ店内は、大人の上質な空間が広がる。

小さな頃からの日本茶好きが高じてお茶ソムリエの資格を取得しお茶カフェをオープンしたオーナーの宮崎さん、「ご自分で選んだ茶葉で5回目まで淹れて味の違いも楽しんでほしい」と全国から厳選した30種類の茶葉を揃える。いずれも、流通では手に入りにくい最上級の茶葉のみを茶農園から直接仕入れている。また、宮崎さんの教えてくれるお茶の淹れ方で淹れてみると、香りも味も別物のように美味しくなる。たまには自分でこうしてお茶を淹れ香りをも楽しみ贅沢なひとときを過ごしたい。お茶のお供に和菓子や自家製のお茶を使用したスイーツも人気。

1_抹茶のブランマンジェ400円。一緒にドリンクをオーダーするとドリンク100円引き。濃厚な抹茶の苦みと生クリームの甘さがトロトロに絡みあい絶妙　2_何度でもお湯のお替わりができる。肥料から全てお一人で作られている森町のお茶500円。渋みの中にほのかな甘さが美味。変わっていく茶葉の味の変化を楽しんで　3_吹き抜けで解放感があり日差しが気持ちのよい空間

Take-out menu
おすすめテイクアウトメニュー
●スノーボール　300円
●スティック　330円
濃厚なお茶のしっとりした味が
人気の濃茶のパウンドケーキは
お土産にも嬉しい1,650円

お茶の間のおと

浜松市東区半田山5-25-1
℡053-443-8750
✉10:10〜17:00(16:30L.O)
困火曜、水曜、木曜
P8台
HPhttpS://ocha-noto.com

【テイクアウト】あり
【クレジットカード】可
【席数】テーブル8席 カウンター5席
テラス6席
【煙草】全席禁煙
【アクセス】遠鉄バス
「三方原営業所」より徒歩10分

フラリエボンボン ル カフェ

TAKE OUT

フラリエボンボン ル カフェ

花とお菓子の館での
おとぎ話のカフェタイム

アフターヌーンティ5,500円は、1組2名
様で予約要。上から生チョコタルト、苺
のムース、中段はバニラ、フランボワー
ズのマカロン、下段が生ハム、卵、チー
ズのサンドイッチなどボリュームいっぱい

1_ホールは吹き抜けで解放感があり、えんじ色のカーテンがゴージャス　2_左) 八宝茶：フルーツや花、クコの実などの生薬がブレンドされたデザート感覚の薬膳茶660円。右) ハーブティに苺や甘酸っぱい季節のフルーツ入り660円。　3_バラの花びらとローズヒップ入りのケーキビジューローズ594円は、クリームチーズとヨーグルトムースでさっぱりのお味。バースデーケーキなどのホールケーキも対応している　4_クリスマスには3mもの大きなツリーが飾られクリスマス気分を盛り上げる

フラリエボンボン ル カフェ

浜松市北区東三方町193-3
☎053-571-8722
✉AM10:30 - PM19:00(LO 18:30)
休木曜・第1第3水曜　P15台
🌐https://okashinomori.net/lecafe/

【テイクアウト】あり
【クレジットカード】不可
【席数】テーブル40席
【煙草】全席禁煙
【アクセス】遠鉄バス「三方原営業所」より徒歩5分

Take-out Menu
おすすめテイクアウトメニュー
●生ハムとチーズの
　　　　　クロワッサン　702円
他にもトマトORバジルのゴンドラピザもある

まるで童話に出てくるお屋敷のようなメルヘンチックな建物に驚くが、薔薇のアーチを抜けると店内もシャンデリアが煌めく優雅なホールに日常を忘れるような洋館だ。店名のフラリエはフランス語の花＝フルールからの造語で、ボンボンはお菓子、ここは花とお菓子が楽しめる館。その名にふさわしいバラの花びらが入ったケーキ「ビジューローズ」は、パティシエが香料を使わず独自の方法でバラの香りを閉じ込めた花びらと、ローズヒップを使ったピンク色の宝石のような可愛らしくかつ上品なケーキ。自家栽培のハーブを使ったブレンドティーと、12種の花とフルーツ、生薬をブレンドした薬膳茶やリラックス効果のあるハーブブレンドティーなど、花とフルーツを生かしたメニューが多くラインアップ。

季節ごとに変わる生ケーキ、焼き菓子、サンドイッチなど華やかなメニューでおとぎ話のお姫様気分を楽しみたい。

milou

TAKE OUT

ミルゥ

浜北駅のメイン通りから一本入った通りに10時開店と共に次々と軽やかな足取りで人々が入店してくる。浜松のケーキ好きの間では知らない人はいない人気店はオープンから10年以上経った今も変わらず愛される店だ。開店時にはショーケースには20種類近いケーキが並ぶが、午後にはかなりなくなってしまうので早い時間に行くのがおすすめ。

Milouといえば安心な素材のケーキ。国産小麦、純度の高いフレッシュ生クリームを使用しタルトなどにはきび砂糖を使用している。定番のショートケーキから、季節のケーキ、milouならではの素朴かつ深い味わいのケーキまでメニューが多いのも客の目を飽きさせない理由だろう。「クリーム系のケーキも人気ですが、一瞬キャロットケーキなどの地味目の家庭的なケーキも実は手が凝っていて素材の味がしっかりして美味しいですよ」とスタッフ談。

週末はお昼前に全て完売することも珍しくないので、早めの行くのがおすすめ。雑貨や焼き菓子コーナーなど見るのも楽しい

リピーター率が高いのも
納得の愛されケーキ

1_Milouブレンドティ。アッサムと
ディンブラを調合したmilouオリ
ジナルティ。主張が強すぎずまろ
やかな余韻で、ケーキの味を引き
立てる　2_ナッツとドライフルー
ツがゴロゴロ入ったタルト　ボワ
486円はフレッシュクリームと
蜂蜜を煮詰めた白いタルトとフラ
ンスの伝統菓子でアーモンドス
ポンジにカスタードをサンドした
アーモンドとカスタードのケーキ3
88円　3_天井までの大きな窓
からは光が射し明るく温もりのあ
る店内。緑を眺めながらカフェタ
イムが過ごせるのも嬉しい

\ ケーキのお持ち帰り /
　　はお早めに

milou

浜松市浜北区貴布祢99-1
📞053-584-4855
🕙10:00～19:30
🈔月・火曜
🅿5台
ℍℙmilou-hamakita.com

【テイクアウト】あり
【クレジットカード】不可
【席数】テーブル16席
【煙草】全席禁煙
【アクセス】遠鉄「浜北駅」より徒歩1分

take-out menu
おすすめテイクアウトメニュー

●ミックス
　クッキー
　1,350円

国産小麦、発酵
バター使用の10
種類ほどのクッ
キが入ったミック
スクッキー。

ヨシダ
★
保健所〒
浜北区役所

もへじ珈琲店

もへじコーヒーてん

TAKE OUT

　もともと珈琲の移動販売をしていた店主が、ウガンダ産の珈琲に出合い「その時に飲んだ珈琲の香り、味に感動してウガンダの豆一本でいこう」と心を決め2020年にウガンダ珈琲の店を夫婦でオープン。実際にウガンダの農園にも行き、希少なウガンダ産のアラビカ種の豆を化学肥料を一切使用せず栽培する人達の懸命に働く姿、決して豊かではない現状を見た。その豆で淹れた美味しい珈琲を日本で売ること

で、ウガンダの生産者の暮らしを支えると決めたという。さらには珈琲豆を買うことでワクチン接種や診療所などの支援にもなるそう。コクのある豊かな香り、そしてやさしい口当たりだけでなくなんとも尊い一杯だ。
　店内の壁には世界地図が描かれ、二つの時計は日本とウガンダの時刻。場所は離れていようが珈琲一杯で世界がつながる。奥さんが作るモーニングもランチもメニュー豊富で嬉しい。

壁に自分達で描いたという世界地図にウガンダを身近に感じる

香り豊かな一杯の珈琲が
ウガンダの未来を担う

1_丁寧にラテアートを仕上げていく。アロマが鼻腔に広がり香り豊かなウガンダの味　2_こだわりの食パンを探し見つけたふわふわの食パンにたっぷりの野菜が入った海老たまごサンド495円　3_モーニングは、ドリンク＋50円でバタートースト、サラダが付く。さらにアボカドたまご、しらす、厚切りベーコンの3種類のトッピングは＋100円でできる　4_なんとも息の合ったご夫婦が笑顔で迎えてくれる。調理担当は奥さん。お昼の週替わり定食も人気だ

Take-out menu
おすすめテイクアウトメニュー

● ドリップコーヒー　486円
● 生ハムマスカルポーネ
　サンド　507円

もへじ珈琲

浜松市南区三島町1447フェリス三島D
📞090-3483-6328
🕐日〜木8:30〜18:30　金土曜8:30〜20:00
休水曜、第3火曜
Ⓟ5台
HPhttps://www.mohejicoffee.net/

【テイクアウト】あり
【クレジットカード】可
【席数】テーブル12席　カウンター7席
【煙草】全席禁煙
【アクセス】JR浜松駅より車で8分

TAKE OUT

kissa&dining 山ノ舎

キッサダイニング　ヤマノイエ

天竜の魅力を発信するコミュニティカフェ

リンゴパイとレアチーズが濃厚に
絡み合い、クルミがよいアクセント
のリンゴパイのレアチーズ500円

「天竜の魅力を発信し、人の交流の場を作りたい」とオーナーの中谷さんが2015年にオープン。もともと天竜は林業で栄え、おいしい食材も豊富な地域。県外在住期間を経て帰郷した中谷さんは、天竜の魅力を再発見し、地元の食材を生かしたカフェで地域の交流の場を提供している。天竜の杉ひのきを使用した温かみのある店内では、天竜内外の人が情報交換を行い、2Fはシェアオフィスにもなっている。

「天竜のもので体に優しいもの」をコンセプトに、天竜のしいたけや地元の精肉店の肉、地元の野菜を使用した人気のキーマカレー、カフェインレスで美しい紅色の和ハーブくろもじ茶など天竜の魅力の詰まったメニューが並ぶ。四季の恵みを楽しめる季節ごとのメニューも好評、夏は天竜の川で釣れた鮎の冷や汁が人気だ。天竜の隠れ家的カフェで、天竜の山、川の恵みを堪能したい。

1_一番人気の山の舎キーマカレー1,200円は、天竜産のしいたけと地元の吉野家精肉店のひき肉を使ったスパイスカレー。箸休めのピクルス、キャロットラペなどの野菜も嬉しい。他にはグラタンやオムレツのメニューも　2_天竜の木材をふんだんに使用した店内。オープンキッチンでスタッフがフレンドリーで居心地がよい　3_図書コーナーの本を読みながら一人でゆっくりするカフェタイム、小上がりで子供連れのカフェタイム、用途に合わせて使いたい

kissa&dining 山ノ舎

浜松市天竜区二俣町二俣1283-1
📞0539-25-1720
🕐11:00〜17:00(L.O16:30)
休月、火、水曜　🅿5台
🏠https://www.yama-ie.com
【テイクアウト】あり
【クレジットカード】不可
【席数】テーブル18席
【煙草】全席禁煙
【アクセス】天竜浜名湖鉄道
「天竜二俣駅」より徒歩15分

Take-out Menu
おすすめテイクアウトメニュー

●くろもじ茶　　　1,100円

無添加でノンカフェインの天竜で採れる和ハーブのくろもじ茶は色も深紅で美しく、リラックス効果もあり。

Maple cafe

メープルカフェ

TAKE OUT

　可愛らしい白い三角屋根の建物に入ると、吹き抜けの明るい空間にモダンな照明、マリリンモンローやオードリーヘップバーンなどのポップアートで彩られた華やかなフロアが広がる。

　メニューは、ガレット、パンケーキなど女性が好きそうな品が並ぶ。中でも人気のアフタヌーンティーに付いてくる色とりどりの可愛らしい焼き菓子、サンドウッチ、ゼリーなどが乗せられた三段プレートは店の優雅な雰囲気にぴったり。三段のアフタヌーンティーはちょっと多いかなという人にはミニサイズがあるのも嬉しい。珈琲も月替わりで厳選した豆が変わるサイフォン珈琲やハンドドリップから、自家製スカッシュまでカフェメニューも充実。インパクト大のKUROバーガーは竹炭入りのバンズに、100％牛肉のパテ、さっぱり目の自家製トマトソースがくどくなく、最後までおいしく飽きずに食べられる。

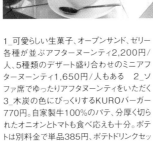

まるでポップアートの作品のようなカフェ

1_可愛らしい生菓子、オープンサンド、ゼリー各種が並ぶアフターヌーンティ2,200円/人、5種類のデザート盛り合わせのミニアフターヌーンティ1,650円/人もある　2_ソファ席でゆったりアフタヌーンティをいただく　3_木炭の色にびっくりするKUROバーガー770円。自家製牛100%のパテ、分厚く切られたオニオンとトマトも食べ応えも十分。ポテトは別料金で単品385円、ポテトドリンクセットで495円

マリリンモンローの大きな絵が飾られ、シャンデリア、シャンパンが飾られる華やかなフロア。2Fにはキッチン付きのモダンなホール、4,6人用の個室があるのでミーティングなどにも活躍しそうだ

Maple cafe

浜松市中区広沢2-27-29
広沢プラザ1F
℡053-424-5505
🕙10:00～17:00
休水曜と第2木曜
🅿18台
🌐http://maplecafe-hirosawa.com/

【テイクアウト】あり
【クレジットカード】JCBとアメックスは不可
【席数】テーブル18席
【煙草】全席禁煙
【アクセス】遠州鉄道助信駅より徒歩5分

take-out menu
おすすめテイクアウトメニュー

● 小海老とアボカドのガレット
　　サラダ付　1,296円

STROKE

ストローク

TAKE OUT

どれも食べたくなってしまう
魅惑的な品揃え

奥、海老マヨサンド378円。手前、サ
ラダチキンツナソースサンド378円

キリンとシマウマの可愛らしい大きなオブジェが
お出迎えしてくれる2019年にオープンした
STOROKE。キッシュ&サンドウィッチ&スープのテ
イクアウトがメインだが子供OKのイートインスペー
スも完備している。

ホテルでフレンチ、市内のイタリアンで料理長を
10年以上経験した店主の田中さんが作るキッ
シュからテイクアウトランチBOXの全てが軽食な
のに本格派。フレンチ厨房で作りなれた得意のポ
タージュは毎日3種類。オープン以来人気のごぼう
のポタージュは、ごぼうの臭みが一切なくまろやか
で優しい甘み。フレンチシェフならではのサンマの
コンフィやサバのリエットのサンドウィッチから定番
のたまごサンドまで種類も豊富でとにかく具が盛沢
山!キッシュも具がたっぷり入るようにパイは薄目に
作るほど、惜しみなく具が入り食べ応え満点。佐鳴
湖が近いのでピクニックのお供にもぴったり。

1_本格派のゴボウポタージュ324円とポテトとほうれん草がたっぷり入ったキッ
シュ324円　2_段差のない緑の芝と壁一面の黒板のキッズスペース　3_朝
7時半オープンなのでカウンターでモーニングをしていく会社員なども多い

STROKE

浜松市西区入野町14180−5
℡053-569-2612
🕐7:30〜売り切れ次第終了
休日曜
🅿4台
HPhttps://stroke.amebaownd.com/

【テイクアウト】あり
【クレジットカード】可
【席数】テーブル4席、カウンター4席
【煙草】全席禁煙
【アクセス】遠州バス「南平」より
徒歩1分

Take-out Menu
おすすめテイクアウトメニュー

●ランチBOX　702円

この日はハンバーグ、エビフライ、オムラ
イスの人気の品が勢揃い。予約もインス
タのダイレクトメッセージからできる。

coffee CARON

コーヒーカロン

「喫茶店が大好きで懐かしいメニューがあり、落ち着けるお店にしたかった」と店主さんの言う通り、琥珀色がメインの落ち着いた店内は、おひとりさまでも仲間とも通いやすい。昔ながらの喫茶店というよりはカフェと喫茶店が融合された感じ。お客さんの8割が女性というのも頷ける。
人気のプリンは銀色の器、固めの食感、そしてチェリーがのった王道の盛り付け。鮮やかな色で写真映えするクリームソーダも若者に人気が

あるとのこと。ランチの「ふんわり卵のオムライス」はケチャップライスにふわふわのオムレツとカニクリームコロッケがのっていてお店の看板メニューとなっています。
　珈琲は全て店主さんがハンドドリップで丁寧に淹れており、定番のブレンド以外にもハワイ好きにはたまらないコナコーヒーやブルーマウンテン、ノンカフェイン、オーガニック珈琲と品揃えも豊富。

さくらんぼが懐かしい人気の固めのプリン450円は自家製焦がしキャラメルソースで。季節によってマロンプリンなども。ドリンクとセットで100円引き

1_ジュビロ磐田サポーターの店主さんが考えたサックスブルークリームソーダ680円。珈琲以外にもエルダーフラワーなど女性好みのメニューも　2_カウンターもあるのでおひとりさまでも気軽に利用できる　3_ふんわり卵のオムライス(ランチ)980円。サラダやポテトも付いた大満足のプレートになんと一口サイズのミニスイーツも付いてくる

閑静な住宅街にある
日常使いしたい喫茶店

なんだか懐かしい

Recommend Menu
おすすめメニュー

- ●ブレンド珈琲　480円
- ●プリン450円
- ●クリームソーダ　680円
- ●ふんわり卵のオムライス
  (ランチ)　980円
- ●チェダーチーズの
  ドライカレー(ランチ)980円

coffee CARON

浜松市浜北区染地台1-43-22
☎053-545-5222
🕐11:00〜17:00
(L.Oランチ15時、カフェ16時)
休木、日曜
🅿7台
🅷https://caron.hamazo.tv/

【テイクアウト】なし
【クレジットカード】不可
【席数】テーブル14席　カウンター3席
【煙草】全席禁煙
【アクセス】遠州鉄道西ヶ崎駅より車で10分

又一庵 マタイッコタベタイカフェ

マタイチアン マタイッコタベタイカフェ

老舗菓子司が届ける
新感覚の和スイーツ

「あんこホイップパンケーキ」800円。
2種類の餡とホイップクリーム、バニラ
アイスがふわとろパンケーキと好相性

1_和の風情を感じる外観と雰囲気が変わり、店内は明るく開放的。和菓子のファンである年配客から写真映えする新スイーツを求めて若い人たちも集まる　2_飴と層になっているゼリーなど和洋の自家製素材を重ねた「マタイチアンパフェ」800円。さっぱりとしたライチゼリーの意外な組み合わせが美味　3_羊羹やミニパフェ、くずねりなど季節の菓子を盛り合わせた「キンツバコ（抹茶付き）」3,000円。お祝いなどのサプライズにも喜ばれるスイーツの玉手箱

又一庵 マタイッコタベタイカフェ

磐田市見付1767-4（又一庵総本店内）
℡0538-33-1600
🕐9:00～18:00（カフェ10:00～LO16:00）
休無休　P30台
🌐https://www.mataichian.com/

【テイクアウト】パフェ、くずねり、ソフトクリーム、ドリンクなど
【クレジットカード】カフェ、テイクアウトは現金、又一庵商品はクレジット可
【席数】テーブル10席
【煙草】全席禁煙
【アクセス】東名高速・磐田ICより車で1分
備考／週末は混み合うので時間に余裕を持って

コープ磐田センター

Take-out menu
おすすめテイクアウトメニュー

● メチャアンコソフト　　380円
見た目からしてインパクト大。濃厚なこしあんのざらっとした舌ざわりとソフトクリームのミルク感が絶妙。甘さ控えめで食べやすい

創業以来150年、代々受け継いできた「きんつば」の美味しさをもっと多くの世代に知ってほしいとの想いから、「きんつば」の新しい形を提案するカフェが誕生。北海道産の厳選小豆を熟練の技で炊く餡をベースに、パンケーキやパフェなど和洋を絶妙に取り入れることで今までにない味を提供。伝統の中にも新しさが息づくオリジナルスイーツは、ファミリーからカップル、年配の方まで幅広い人に受け入れられている。

一番人気は「あんこホイップパンケーキ」。卵をたっぷり使った生地は全く重さがなく、軽やかでふわふわな口当たりが上に乗るつぶあんやこしあんの上品な甘さとどっしりとした存在感をより引き立てている。きんつばを模した四角い形もユニークで素朴な和テイストを個性的に味つけ。「またいっこ食べたい」と思わず言いたくなるスイーツたちに餡の可能性が感じられるはず。

2

3

Cafe YUKURU

カフェユクル

TAKE OUT

2018年にオープンした天竜の二俣川沿いのモダンな白い建物が目を惹くカフェユクル。隣接する工務店が「暮らしの提案」をするカフェとしてプロデュースしており、無垢の木を使用した店内は、空と桜並木が見える窓の配置や照明の使い方でぬくもりのある居心地のよい空間になっている。

カフェメニューもケーキからパン、食材まで、全てヘルシーな自家製。ランチは、人気の「今日のおひるごはん」850円〜。チキン南蛮などのおかずに、ごはんの日は十六穀米にみそ汁付き、パンの日は自家製パンにスープ付。素揚げの野菜が彩り鮮やかなトマトチキンカレー。黒板に書かれた「今日のおやつ」は、どこか懐かしい固めのカスタードプリンなど数種類から選べるがこれらも全てうれしい自家製。ドリンクも袋井のまめや珈琲ブレンド、春野の無農薬紅茶、スムージーなど種類も豊富。夏季限定のチーズケーキ氷も人気。

無垢の木が気持ちの良い明るい店内。真ん中のオリジナルの雑貨棚に店内で出されている春野うの茶園の紅茶や雑貨が並び購入できる

食を通し暮らしの
ヒントを提案するカフェ

1_春野うの茶園の無農薬紅茶はすっきりした味わい。自家製デザートは人気のカスタードプリンなど数種類。季節や日によって変わるので、黒板の「今日のおやつ」をチェックしてみて　2_照明、絵、家具など全て住まいのプロによるトータルプロデュース　3_十六穀米にたっぷりのスパイスとチャツネ、トマト、ヨーグルトにつけたチキンが入った食べやすくもたれずヘルシーな素揚げ野菜たっぷりの見た目鮮やかなトマトチキンカレー1,050円

take-out Menu
おすすめテイクアウトメニュー

● シフォンケーキ各種
　　　110円〜

オーナー手作りのシフォンケーキやガレットなどがお土産に人気。これだけをテイクアウトすることもできる。

Cafe YUKURU

浜松市天竜区山東2114−3
☎053-443−7666
🕐11:00〜16:00・14:00〜15:00（おやつLO）
🈔不定休
🅿5台
🆔https://www.instagram.com/cafe_yukuru/

【テイクアウト】あり
【クレジットカード】不可
【席数】テーブル14席　カウンター2
【煙草】全席禁煙
【アクセス】遠州鉄道「西鹿島駅」より車で15分

tae cafe

タエカフェ

　住宅街の一画に佇む小さな自宅カフェ。ドアを開けたら笑顔で出迎えてくれる店主の古田さん。天井まである大きな南向きの窓からは陽が差し込む店内は珈琲の芳醇な香りに包まれる。店主のカフェ好きが高じて有名珈琲店でバリスタの修行に励み、料理を学んだ末にとうとう自宅を新築する際に1Fをこだわりの詰まったカフェに。

　おすすめの珈琲の飲み比べセットは、厳選された5種類の豆から2種選び、3種の抽出法からそれぞれ抽出法を選び各々の違いを楽しめる。珈琲好きなら豆の油分がそのまま味わえる珈琲プレスがおすすめ。豆の種類、淹れ方で違う風味になるので、その日の気分や雑味がないスッキリ味が好みなど店主に相談にのってもらいながら珈琲を楽しみたい。珈琲や紅茶に合わせるスイーツやサンドイッチ、キッシュは安心な素材で作られたすべて自家製だ。

このシンプルな北欧の椅子の座り
心地が良くついつい長居したくなる

1_ゴマ入りの全粒粉の自家製パンにロースト
ビーフ、クリームチーズ、ヨーグルト、粒マスタードなどが入ったローストビーフサンド550円。食べ応え十分　2_3種類の淹れ方を選べるのが楽しい。左からコーヒー本来の味が出るコーヒープレス、ペーパーフィルター、ネルドリップで豆はマンデリン、キリマンジャロ、ガテマラなど5種類から選べる　3_イチゴのタルト400円。旬の地元のフルーツを使用したタルトは他にもイチジク、モンブランなど季節によって変わる

日常に通いたい
日差しの気持ちいい自宅カフェ

心底リラックス
できる

Take-out Menu
おすすめテイクアウトメニュー

● 自家製ドーナツ　120円

安心の素材のみ使用するスイーツ、素朴な味がどこか懐かしい自家製ドーナツ。他にもクッキーなどのテイクアウトあり。

tae cafe

浜松市南区本郷町1292-10
☎053-570−9097
🕙11:00〜17:00
休水曜、土曜、日曜
P2台
HPhttps://taeka1.wixsite.com/taecafe1

【テイクアウト】あり
【クレジットカード】不可
【席数】テーブル7席
【煙草】全席禁煙
【アクセス】遠鉄バス「西伝寺」より徒歩5分

フルーツパーラーTASTAS

フルーツパーラータスタス

フルーツ道を極めた店主が作る
至福のパフェ

自家製アイス3種と熟度
を見極めた旬のフルーツ
を使用したTASTASフ
ルーツパフェ　1,680円

1_解放感のある広い店内。仲良し夫妻の手仕事がオープンキッチンで見られる　2_TASTASフルーツチョコパフェ。チョコレートアイスもフルーツが美味しく食べられるように作られた。フルーツが小さ目にカットしてあるので下のフランボアソースとアイスと一緒に楽しんで　3_デトックスウォーターが3種類置いてあるのでセルフサービスでどうぞ　4_記念日のお祝いなどに人気のカットフルーツは2,500円～。お持ち込みのBOXやお皿に盛り付けてもらうことができる。美味しさと華やかさを兼ねた粋な贈り物として喜ばれること間違いなし。前日までに要予約

パティシエのご夫婦が2019年にオープンしてから瞬く間に人気店になったフルーツパーラーTASTAS。ご主人は独学でフルーツの知識やカッティング技術を学び、後に連日行列が出来る超人気店となるフルーツパーラーを横浜に立ち上げた。その後地元浜松でパーラーをしたいと帰省。奥さまはホテルで接客を磨きTASTASの接客を担う。

店主自ら市場へ買い付けに行き熟れ具合を見極め最高の状態の果実のみ使用する。最高の状態の物がない場合にはパフェの提供はしない。そのこだわりはパフェを食べれば納得。例えば一番人気のTASTASフルーツパフェ。美しくカットされたマスカットやオレンジ、メロンは一切れ残らず完熟した最高の状態。フルーツの味を引き立てる様生クリームは2種をブレンド、その下のアイスも全てフルーツの味を引き立てる自家製のアイスが何層も重なり、ごまかしの一切ないパフェに感動!

フルーツパーラーTASTAS

浜松市中区曳馬2－1－1
☎053-465-1808
✉11:00～18:00（L.O）　休水曜　P30台
🌐https://www.instagram.com/
fruit_parlor_tastas/

【テイクアウト】あり　【クレジットカード】不可
【席数】テーブル18席　【煙草】全席禁煙
【アクセス】遠州鉄道「助信駅」より徒歩5分

Take-out Menu
おすすめテイクアウトメニュー

● フルーツサンド 1カット 500円

ふわふわ食パンに、季節のフルーツと特製ブレンド生クリームたっぷりのフルーツサンドは昼前に完売することが多いため午前中がおすすめ。

OneFrit

ワンフリット

TAKE OUT

目の前に浜名湖が広がる最高のロケーション。いつの時代も人気のフライドポテトだがなかなかありそうでなかったフライドポテト専門店が2019年浜松にオープン。じゃがいもとさつまいもの2種類のポテトは太さの他にカットをクリスプ、ウエッジ、ストレートの3種類から、味付けは塩の種類とソースを選び自分のオリジナルをカスタムできる。ソルトは、じゃがいもの味を引き出すクリスタルソルトから浜名湖産青のりソルトまでお好みで。ソースはトマトとアンチョビからマスカルポーネハニーなど甘目のものまで揃う。店主の川上さんおすすめは、太めのウエッジポテトにトマトアンチョビソース。サツマイモのフライとマスカルポーネハニーソースのコンビネーションは一度は試す価値あり。

サイドメニューのタコスも、メキシコ在住経験がある川上さんのこだわりが詰まっている。

さつまいものストレートにディップはマスカルポーネハニーをたっぷりつけて食べたい。プレミアムソルトの駿河湾産シーソルトがかかった熱々の一番太いウエッジのポテトにはアンチョビトマトのディップを。甘いのと塩味の塩梅が絶妙で手が止まらなくなるポテトBOX

浜名湖を目の前に望める
フライドポテト専門店

おいしい
フィンガーフード!

1_コーンのトルティーヤに定番のトマト、オニオン、アドカドなどの野菜、ひき肉に＋ポテトが入ったタコス。メキシコでは欠かせないフレッシュライムを絞って召し上がれ　2_浜名湖を眺めながら食べる熱々のポテトもまた格別　3_コンテナーの中はエアコン完備なので年中快適。動物園や遊園地で遊んだ後の休憩場所としてもおすすめ　4_完熟バナナでできたバナナの味が濃厚で甘いスムージー。塩気のあるポテトと相性が意外によくてびっくりだ。

OneFrit

浜松市西区舘山寺町277－4
☎053-488-5009
✉11:00〜18:00(月〜木)11:00〜
21:00(金)10:00〜21:00(土)
10:00〜17:30(日)
困火曜、第2、第4水曜　Ｐ6台
ＨＰhttp://onefrit.com/

【テイクアウト】あり　【クレジットカード】不可
【席数】テーブル12席
【煙草】室内のみ禁煙
【アクセス】遠州鉄道バス「浜松動物園」
より徒歩3分

take-out Menu
おすすめテイクアウトメニュー

●フライドポテト レギュラーサイズ
　　　（ウェッジカット）
店内550円（税込）
テイクアウト
　　　540円（税込）

Cafe Riad

カフェリアド

モロッコ・マラケシュを訪れた店主の白井理恵さんが美しい街並みや芸術的な装飾にほれ込み、滞在中にカフェを開こうと決意。現地でランプやタイルなどのインテリアを買い付け、帰国後は本場モロッコにこだわってできるだけ忠実に建物を再現した。イスラム文化が色濃い北アフリカに位置し、鮮やかな色みや幾何学模様が独特な美しさと、地中海を挟んだ対岸にあるスペインやフランス文化が融合した洗練さを併せ持つモロッカンスタイルはエキゾチックで華やか。

そんな非日常空間で心を休めたら、今度は体が元気になるランチを。メイン料理に地場の新鮮野菜をふんだんに使ったデリを盛り合わせた「ランチプレート」は、ヘルシーながら食べ応えも十分。お手製のスイーツやハーブティー、スムージーなど女性の心をくすぐるカフェメニューも心豊かなティータイムを約束してくれる。

モロッコの風を感じる世界観が魅了する。旅人気分を味わって

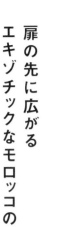

扉の先に広がる
エキゾチックなモロッコの世界

1_月替わりスイーツも女性に人気。写真は「いちごのフレンチトースト」。紅ほっぺの甘酸っぱさとバターの風味豊かなフレンチトーストが好相性。ノンアルコールの「ピーチモヒート」520円を添えて　2_リアドとは中庭を囲む昔ながらの邸宅のこと。差し込む陽光と緑、水に浮かべたバラが優雅な様はまるで砂漠のオアシスのよう。どこもかしこもフォトジェニックな空間に一目で心をつかまれるはず!　3_幻想的なブルーで統一されたトイレも異国情緒たっぷり　4_月替わりの「プレートランチ」1,300円はドレッシングやソースも手作りで。この日は「豚バラ肉のソテー バルサミコソース」がメイン

Cafe Riad

掛川市家代の里2-5-7
℡0537-29-7257
🕐11:30〜16:30
🈺木・金・土曜のみ営業
🅿9台
🔗https://caferiad.her.jp/

【テイクアウト】なし
【クレジットカード】不可
【席数】カウンター25席
【煙草】全席禁煙
【アクセス】JR掛川駅より車で15分

Recommend Menu
おすすめメニュー

● 月替わりプレートランチ
　（ドリンク付き）　1,300円
● ピザランチ
　（サラダ・ドリンク付き）1,200円
● 月替わりスイーツ　580円
● クリームスコーン　500円
● モロッコミントティー　520円
● 自家製ノンアルコール
　サングリア　520円

24カフェ

ニジカフェ

住宅街に佇むナチュラルな一軒家カフェ

アンティークに囲まれた温
かみのある店内。やさしい
時間がゆったりと流れる

住宅街に密かにある隠れ家的カフェ。白を基調に木目とアイアンを散らし、アンティーク小物を効かせた店内は、柔らかながらどこか遊び心を感じさせてくれる楽しい空間だ。オーナー村松さんが集めた小物を眺めながらぼうっとしたりコーヒーを飲みながらくつろいだり。おひとり様にもぴったりなこぢんまりさが心地いい。

メニューはすべて手作り。人気はランチの「スープset」。野菜たっぷりのスープに自家製の丸パンとキッシュがワンプレートになったお腹も心も満たされるメニューだ。昔ながらの硬めプリンにコーヒーゼリーを合わせたプリンパフェや、甘さを抑えた男性に好評のチーズケーキなど、美味しいものへの探求心いっぱいな村松さんの「食べたいものを作りたい」という気持ちが溢れたオリジナルデザートもクセになる人が続出。とっておきの味を楽しみたい。

1

\のんびりできる!/

24カフェ

磐田市池田425-3
0538-33-7719
11:00～18:00
休木曜、第2・4日曜　P5台
HP https://www.instagram.com/24cafe

【テイクアウト】あり
【クレジットカード】不可
【席数】カウンター4席、テーブル5席
【煙草】全席禁煙
【アクセス】東名高速・遠州豊田PA
スマートICより車で約10分
備考／毎月第2・4日曜の定休日に季節
のお茶と菓子が楽しめる「喫茶スズメ」が
間借り営業中。
営業日やメニューはインスタをチェック

2

3

1_自家製スープとパン、サラダとキッシュがワンプレートになった「スープset」900円には季節感を盛り込んで。その時によってメニューが替わる　2_本や小物を並べたミニ図書コーナー。好みの本を手に取って　3_市内にあるスズキコーヒー焙煎所の豆を使った「コーヒー」400円。「プリンパフェ」600円や「ベイクドチーズケーキ」と300円と共に

Take-out Menu
おすすめテイクアウトメニュー

● エビアボカド
　フォカッチャサンド　350円

「エビアボカド フォカッチャサンド」は自家製
フォカッチャに具材がゴロゴロ入って350円
とリーズナブル。全メニュー持ち帰り可能

Place Mange

プラスモンジュ

　住宅街の中に一際目立つお洒落な建物の大きな窓からは店主中津川さんがパン生地を軽快なスピードで形にしていく様子が見える。店内にはパンが30種ほど並び、もう半分のショーケースにはケーキが8種ほど並ぶ。店主が修行したパリのブーランジェリーと同じ製法で作られ素材も可能な限りフランスから輸入するこだわりで小麦粉もフランス産4種と北海道産をパンによって使い分ける。クロワッサンの巻きの固さもフランス産のチョコを使用した生チョコタルトのビターな大人の味もサクっと固めに焼いたタルトの生地も全て本場の味。「自分はパン屋という感覚はなくて、ケーキとカフェもしているので」と話す店主の言葉通りパン、ケーキ共に本物のクオリティで両方を楽しめる希少な店。これらを全てたった一人で作っているというから驚きだ。本物を提供したいとの職人気質を感じる店だ。

次々と焼き立てのパンが登場する。10:30頃に一番種類多くショーケースに並ぶ

1_店主の気分で具材が変わるチーズたっぷりのクロックムッシュ407円（イートイン）　2_イートインスペース。もともとカフェをしたかったという店主中津川さんのこだわりの雑貨などが並ぶ。カトラリーも全て素敵　3_フランスのクリームチーズを使用したコクのあるチーズケーキ462円（イートイン）と甘すぎないチョコがクセになる大人のタルトショコラ561円（イートイン）

本場フランスの味を伝承するパンとケーキ

Take-out Menu
おすすめテイクアウトメニュー

● クロワッサン　226円

日本のとは違う、本場フランスの巻き方で巻かれたクロワッサン、香ばしいバターの香りも中津川さんがこだわる本場の香りだ

まずはコレから

Place Mange

浜松市中区住吉3−22−15
☎053-570-8017
✉9:00〜18:00（売り切れ次第終了）
休水曜　P6台
HPhttps://www.facebook.com/placemange/

【テイクアウト】あり
【クレジットカード】不可
【席数】テーブル6席
【煙草】全席禁煙
【アクセス】遠鉄バス「城北工高」から徒歩1分

Bistro&SweetsCafé Cloche

ビストロアンドスイーツカフェ　クロッシュ

TAKE OUT

フレンチシェフがつくる
かき氷とパンケーキ

「完熟いちごのミルフィーユ仕立て」
1,045円。地元産の完熟いちごを使っ
た特製コンフィチュールに、オーダーを
うけてから焼くサクサクのパイがたまらない

2021年2月にリニューアルオープン。地元の食材をふんだんに使用し、フレンチシェフが見た目、食感、味すべてにひと手間加えたメニューを提供する。春夏のかき氷は天然氷を山梨県八ヶ岳の「八義」から取り寄せ、店内の専用冷蔵庫で保管。少し常温においてから削る氷は、リボン状になって削られ、旬のフルーツそのままの味が残るコンフィチュールソースをかけてくれる。口に入れるとふわっと消える食感。秋冬に出しているふわりと焼き上げられたフォンダンパンケーキは、スプーンを入れるとバニラビーンズ入りのアングレーズソースがとろりとあふれ出し、見た目も楽しませてくれる。

店内やテーブルは落ち着いた色合いで、料理が映えるように工夫。スイーツの味を邪魔しないように酸味を抑えたコーヒーは、注文を受けてから豆から挽く。昼はフレンチランチ、夜はフレンチのフルコースもいただける。

1_通常サイズの2倍のいちごを使用した「いちごのフォンダンパンケーキDX」1,540円。フォンダンパンケーキは14時～のカフェタイム限定　2_厨房の様子を眺められるカウンター　3_茶葉から抽出する「セイロンティー」495円

このボリューム！

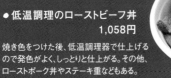

Take-out Menu
おすすめテイクアウトメニュー

● 低温調理のローストビーフ丼
1,058円

焼き色をつけた後、低温調理器で仕上げるので発色がよく、しっとりと仕上がる。その他、ローストポーク丼やステーキ重などもある。

Bistro&SweetsCafé Cloche

浜松市北区初生町1111-18
☎053-523-7035
🕐11:30～14:30(L.O.13:30)、
14:00～17:30
18:30～21:30(L.O.21:00)
🈺水曜、不定休あり
🅿20台
🌐http://www.at-ml.jp/64839/

【テイクアウト】あり
【クレジットカード】不可
【席数】カウンター5席、テーブル24席
【煙草】全席禁煙
【アクセス】遠鉄バス「三方原営業所」より徒歩3分

きの珈琲

きのコーヒー

TAKE OUT

　元々はパティシエだった店主の木野さんが、スイーツにあう美味しい珈琲を探すうちに奥深い珈琲の世界に魅せられてしまい、遂には東京の珈琲店で経験を積み、満を持して2019年に地元浜松で珈琲店をオープンした。師匠から譲り受けた直下式の焙煎機で厳選した豆を挽き、丁寧にじっくりハンドドリップで淹れる。珈琲豆の味がしっかり出るよう、最初にとにかく丁寧に一筋の湯を注ぎ蒸らし、珈琲豆がどんどん膨ら

み芳醇な香りを漂わせる。そしてベストタイミングで再び少しずつ湯を数分かけて注ぐ。木野さんの珈琲への扱い方は実に優しく丁寧で、豆がまるで生きているかのように膨らみ香る。コーヒーカップも、西洋のアンティークカップなどが揃う。
　人気のスイーツ、「喫茶店のプリン」はクラシックで、さすがは元パティシエという本格的な味。木野さんが以前求めていた、スイーツも珈琲も美味しい理想の店になっている。

なんとも味のある焙煎機がかっこいい

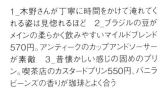

珈琲の芳醇な香りで包まれる大人の喫茶店

1_木野さんが丁寧に時間をかけて淹れてくれる姿は見惚れるほど　2_ブラジルの豆がメインの柔らかく飲みやすいマイルドブレンド570円。アンティークのカップアンドソーサーが素敵　3_昔懐かしい感じの固めのプリン。喫茶店のカスタードプリン550円、バニラビーンズの香りが珈琲とよく合う

take-out menu
おすすめテイクアウトメニュー
●ドリップコーヒー360円

きの珈琲

浜松市中区中央2-15-6
TKビルディング1F
☎053-401-2221
⏰11:00～20:00(L.O19:30)
困火曜　🅿5台
🔗kinocoffee.owst.jp/

【テイクアウト】あり
【クレジットカード】不可
【席数】テーブル12席
【煙草】全席禁煙
【アクセス】浜松駅より徒歩20分
遠鉄バス「松江」から徒歩5分

Cafe & Dining Re:voice

カフェアンドダイニング　リヴォイス

　佐鳴湖畔に佇む2階建てのカフェ。濃い目のウッドをあしらった空間と落とし気味の照明が落ち着いた雰囲気を作り出している。席によっては、窓からは佐鳴湖のキラキラした水面が広がりなんとも気持ちがよい。

　おすすめは、なんといってもオーナーの藤原さんが「わくわくしてもらえる大人のお子様ランチ」のコンセプトで考案した限定30食のランチプレート。店自慢の手こねハンバーグ、グラタン、野菜スティックとバーニャカウダ、浜松産の採れたて蜜柑蜂蜜、レーズンクリームチーズ、三種のパンなど10品がトレーの上でそれぞれ可愛らしい器に盛られお子様ランチのおもちゃのように可愛らしいウサギのオブジェと共に運ばれて来る、大人も童心に戻り思わず笑顔になってしまうようなプレートだ。自家製ティラミス付きのカフェセットで佐鳴湖畔の景色を楽しむのもおすすめだ。

大人のお子様ランチがコンセプトのプレートランチ1,628円は手ごねのハンバーグ、春野町養蜂屋のミカン蜜と3種のパンと、グラタン、蒸し鶏などいろいろなものが詰まった楽しいプレート。限定30食

1_ノンカフェインのルイボスティ550円。自家製ティラミス、クレームブリュレ、紅茶のシフォンケーキなど各種スイーツと楽しみたい　2_自家製ティラミスと季節のアイス902円　3_暗めの照明に濃いウッドのシックな落ち着いた店内　4_場所によっては佐鳴湖が望める。席の予約は不可なので当日のお楽しみに

佐鳴湖畔でいただく大人のお子様ランチ

子どもの気分に

Cafe & Dining Re:voice

浜松市中区富塚町5025
℡053-401-1973
✉11:00〜15:30・18:00〜21:00
休不定休　P14台
HP https://revoice-official.com/

【テイクアウト】なし
【クレジットカード】可
【席数】カウンター5席、テーブル44席
【煙草】全席禁煙
【アクセス】遠州鉄道バス「医療センター行き佐鳴湖入り口」より徒歩1分

Recommend Menu
おすすめテイクアウトメニュー

● プレートランチ　1,628円
● 自家製ティラミス　594円
● 自家製ティラミスと
　季節のアイス　902円
● 手ごねハンバーグランチ
　　　　　　　　1,628円
● パスタランチ　日替わり
　　　　　　　　1,562円

天然酵母パンとコーヒーの店

one too many mornings

ワントゥーメニーモーニングス

「いつもの朝に、いつものパンを」がコンセプト。毎日食べるものだから子どもから大人まで安心して口にできるよう素材を吟味し、天然酵母を使ってじっくりとパンを焼いている。併設カフェでのお楽しみは、サンドイッチやフレンチトーストが楽しめる土曜限定のランチセット。芳醇な香りともっちりとした食感が特徴のパンに手作りのフィリングを合わせたサンドは、ボリュームも満点。夏はガスパチョやビシソワーズ、冬はボルシチなど旬の恵みを引き出した季節のスープもパンのおいしさを引き立てている。

もともと東京で音楽関係の仕事に携わっていたというオーナーの大場さん夫妻。店名はボブディランの曲の和名から、ナチュラルな空間に彩りを添えるBGMのセレクトも耳に心地よく、おおらかな気持ちにさせてくれる。ライブなどのイベントなども開催されるのでチェックしてみて。

サンドイッチにスープとドリンクが付くお得な「ランチAセット」1,000円。この日はスモークサーモンとクリームチーズを自家製ごまパンにサンド。土曜限定

1_自然素材を多用したシンプルで温かみ溢れる空間。使い込まれたアンティークの椅子の座り心地も抜群　2_酵母は「ホシノ天然酵母」、国産小麦の「はるゆたか」や「奄美諸島産キビ砂糖」、「ゲランドの塩」などこだわりの素材を使いじっくりと焼き上げる。生地に卵や乳製品は不使用　3_土曜限定の「ランチFセット」800円。焼きたてのフレンチトーストにシナモンとバニラアイスを添えて。自家焙煎「豆吉庵」の豆をハンドドリップしたコーヒーと共に

ベーカリーカフェで焼きたて天然酵母パンを

何度食べても食べ飽きない

Take-out Menu
おすすめテイクアウトメニュー

● あんバターサンド　432円

自家製コッペパンに内藤製餡所の粒あんがたっぷり。あんの甘さとよつ葉バターの塩気がベストマッチ。イートインでも食べられる

天然酵母パンとコーヒーの店
one too many mornings

磐田市豊田西之島259
☎0538-84-6457
✉10:00〜18:00(売り切れ次第終了)
休日・月曜　🅿3台
🏠onetoomanymornings.net

【テイクアウト】パン、ホットドック、ランチボックス(土曜のみ)、ドリンクなど
【クレジットカード】不可
【席数】カウンター3席、テーブル12席
【煙草】全席禁煙
【アクセス】遠鉄バス「長森」より徒歩2分
備考／ランチは土曜のみ。平日はパンのイートインとホットドッグなど軽食＋ドリンク

珈琲香爐

コーヒーコウロ

オリーブオイルをこよなく愛する店主、オリーブおばさんとして知られる橋爪さんは、御年80歳にして「病気になったことないの、免疫力があればいつだって元気」と笑う。その秘訣はオリーブオイルだそうで、お店の料理にも、スペインから直輸入で仕入れるエキストラヴァージンオイルが使われている。ちなみに、浜松市が推奨する、野菜を食事の最初にいただく「ベジファースト」のため全てのフードには、オリーブオイルと塩胡椒のシンプルな味付けのミニサラダがつく。浜松の食材を使用するパワーフードコースは、引佐のとんきい牧場のトンテキと地元の野菜のみの地産地消。

珈琲メニューは50種類近くあり、何十年も収集している珈琲カップの中には、大正時代のオールドノリタケなど貴重なものも。誕生月は自分の好きなカップに珈琲を淹れてくれるそうなので是非伝えてみて。

解放感のある広い店内で、隣のお客さんの会話も気にならない

オリーブをこよなく愛する店主の
ヘルシーカフェ

1_2Fの席も予約で個室が使える。 2_マスカルポーネをたっぷり使用した自家製ティラミス500円とサイフォンで淹れてくれる香炉コーヒー463円。 3_浜松パワーフードプレート1,800円 まずは味の濃い農ティスさんのサラダからスタートして。

珈琲香炉

浜松市西区大平台2-16-10
☎053-485-7722
🕘9:00〜21:00(20:30L.O)
困なし
🅿20台
🌐https://coffeekouro.hamazo.tv/

【テイクアウト】なし
【クレジットカード】不可
【席数】テーブル60席
【煙草】全席禁煙
【アクセス】遠鉄バス「大平台行き
終点」より徒歩1分

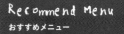

Recommend menu
おすすめメニュー

- 浜松のパワーフード
　　　　　　1,800円
- 生ハムペペロンチーノ
　　　　　　950円
- チーズ焼きカレー　950円
- カツサンド　1,150円
- 香炉ブレンド　463円

Liebling

リープリング

川崎の名店やウィーンで修行した
本格洋菓子

いちごの
タルト
￥430＋税

常時20種類ほどが
並ぶケーキは見た目
にも美しいものばかり

まるで童話の世界に飛び込んだようなメルヘンな建物。甘い香りで包まれた店内のガラスケースには、宝石のような美しいケーキたちが並ぶ。近藤シェフは、川崎にある名店「リリエンベルグ」、さらには洋菓子の本場ウィーンで修業を積んできた実力者。ケーキや焼き菓子は、厳選した食材を使い、鮮度を大事にしながら丁寧に手づくり。包装や接客にも決して手を抜かない。その真摯な姿勢とこだわりのお菓子は、地元をはじめ、多くのファンを増やし続けている。

看板商品はシェフが修業を積んだウィーンを代表する洋菓子「ザッハトルテ」。ふわっとしたチョコレート生地に、コーティングされたシャリシャリとした食感のチョコレートグラス、ほんのり香るアンズの酸味が絶妙なバランスを奏でる。店内にはカフェスペースも併設されているので、コーヒーや紅茶とともに至高のケーキを堪能したい。

1_店内もかわいらしい造り。焼き菓子も定評があり、アンズジャムをサンドしたミルク風味のクッキー「シェル」324円は一番人気　2_「ザッハトルテ」497円は甘さ控えめな生クリームがチョコレートの甘さによく馴染む　3_甘すぎず上品な味わいのケーキはコーヒーや紅茶によく合う

Liebling

浜松市北区東三方町128-5
☎053-414-2866
✉10:00〜18:00
困月・火曜
P12台
HPhttp://www.liebling.jp

【テイクアウト】あり
【クレジットカード】可
【席数】テーブル8席
【煙草】全席禁煙
【アクセス】遠鉄バス
「浜工前」より徒歩5分

ⓣ原田精機
257
マックスバリュ ★
アーレスティブリテック ⓣ

どれも食べてくて
目移りしそう

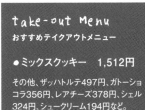

take-out menu
おすすめテイクアウトメニュー

●ミックスクッキー　1,512円

その他、ザッハトルテ497円、ガトーショコラ356円、レアチーズ378円、シェル324円、シュークリーム194円など。

2

3

まるたけ堂珈琲

マルタケドウコーヒー

コーヒーは注文を受けてから豆を挽き、ネルドリップでじっくりと手淹れする。実にさわやかで味わい深く、からだに沁み渡る味だ。豆はできる限り無農薬の生豆を選び、焙煎前に一度洗い、乾かしているそう。焙煎後、欠点豆はハンドピッキングするなど手間を惜しまない。100グラム単位で販売もしており、焙煎したてのコーヒーを家でも楽しめる。「コーヒーは生鮮食品なんですよ」と話す店主の竹村さんの目はキラキラしていてコーヒー愛に満ちている。自家製スイーツも国産小麦やオーガニック素材をできるだけ使用し、からだや環境にやさしく、素材本来の味を感じられる。

天然素材を使用して建てられたお店で、店内にはすっきりとしたシルエットの北欧家具が並ぶ。落ち着いた空間なので、常連が多いのもうなづける。女性専用ヨガ教室も併設しており、身体のコンディションを整え、スペシャルなひと時を過ごしたい。

カウンター席からコーヒーを淹れる所作も見ることができる

生豆から毎日焙煎。焼きたての妙味を知る

1_「自家製オリジナルチーズケーキ」750円。コーヒーの味をより引き立ててくれるおいしさ　2_100g単位で購入できるコーヒー豆は焙煎日が記入してあり、焙煎後1週間までのものしか販売していない　3_「カフェオレ」850円。カフェインレスにもできるほか、シナモンや蜂蜜のトッピングも可能

座り心地の良いソファ席は、一人時間をよりよい時間に導いてくれる

これぞスペシャルな一杯!

まるたけ堂珈琲

浜松市中区佐鳴台4-28-26
℡053-440-8765
🕐10:00〜18:00
休日曜、月曜
🅿13台
🌐http://mc-ka.com

【テイクアウト】あり
【クレジットカード】可
【席数】カウンター2席、テーブル8席
【煙草】全席禁煙
【アクセス】遠鉄バス「蜆塚遺跡西」より徒歩約5分

Take-out Menu
おすすめテイクアウトメニュー

● まるたけブレンドコーヒー
500円

マイボトルに入れることも可能。冷たいコーヒーは5月〜9月頃までの夏季限定。自家製チーズケーキも1ピース500円。

佐鳴湖
佐鳴湖病院
フードワン
佐鳴台中

じゃじゃの私設図書館

ジャジャノシセツトショカン

「子供の頃に本屋さんや図書館で体験したワクワク感を大人になっても感じて欲しい」というオーナーの大場さんが2020年10月にオープンした私設の図書館。当初3100冊ほどだった本は、寄贈によりさらに増え、現在は5000冊ほどに。本のジャンルも多岐にわたり、子どもからお年寄りまで愉しめる空間が広がる。本を読みながらいただけるカフェメニューも本格的。袋井自家焙煎「まめやかふぇ」から取り寄せたこだわりのコーヒーをはじめ、紅茶やアルコール類も。多忙な日常を忘れて、コーヒーを片手にお気に入りの本を見つけながら、ゆったりとした時間を過ごしたい。

「地域のリビングルームになったら」と話す大場さん。お店の利用方法も多彩で、貸切も可能。100インチのプロジェクターもあるので、上映会としても利用できそうだ。人と人、人と本が繋がることができる新しいスタイル。思い思いの時間を楽しんでみては。

ずらりと並んだ本の数々。座り心地にもこだわった椅子は時間を忘れてくつろげる

私設図書館でカフェを愉しむ オリジナル時間

1_チャイ風の「ロイヤルミルクティー」はスパイスがほんのり香る　2_テラス席はペットもOK。ドリンクはテイクアウトもできるので散歩ついでに立ち寄りたい　3_希少性の高い最高級豆を使用した究極のコーヒー「トップクオリティコーヒー」

＼本を読みながら　コーヒーブレイク／

Recommend Menu
おすすめメニュー

- ● ハンドドリップコーヒー　900円
- ● スペシャリティコーヒー　1,200円
- ● カフェオレ　900円
- ● ロイヤルミルクティー　1,000円
- ● オレンジジュース　800円
- ● サバンナシードル　900円

※本を借りればすべて200円引き

じゃじゃの私設図書館

浜松市西区入野町4913-2
℡053-477-0876
✉10:00〜16:00
休月・火・水・木曜
🅿5台
🔗http://jaja-lib.com/

【テイクアウト】なし
【クレジットカード】可
【席数】カウンター2席、テーブル16席、テラス6席
【煙草】全席禁煙
【アクセス】遠鉄バス「矢田坂停留所」より徒歩3分

CAFE&RESTAURANT REBOURS

カフェ&レストラン レブール

食事もケーキも、
頼りになる食べカフェ

数量限定の「サラダランチ」1,100
円は数種類の前菜、自家製スープ
に山盛りのサラダが付く。地元で人
気のR&Companyのパンを添えて

1_階段を上がると山小屋を思わせるロッジのような空間が。素朴な木のぬくもりがこの上ない居心地を演出する　2_「ティラミス」「バスク風チーズケーキ」各377円。ドリンクが付く「ケーキセット」は536円から。　3_1階はテイクアウト専門のカウンターがある。当日の来店で購入できるメニューや前日までの要予約品を合わせて10種類以上を用意している

CAFE&RESTAURANT REBOURS

磐田市豊島313-2
☎0538-30-7695
🕐11:00〜22:00
㊡火曜・第1月曜
🅿60台（TSUTAYA内共有）
🆔https://www.instagram.com/cafe_rebours/
【テイクアウト】あり
【クレジットカード】不可（paypay可）
【席数】テーブル20席、ソファ4席
煙草】全席禁煙
【アクセス】JR磐田駅より車で5分
備考／テイクアウト商品が豊富。持ち帰り予約はインスタでも可

食べてみて！

Take-out Menu
おすすめテイクアウトメニュー

● 週替わりカレー　600円
インド風とタイ風をメインに時々カレーの内容が替わる

磐田でランチならここと名の挙がる、地元っ子御用達カフェレストラン。「家とは違った雰囲気の中でくつろぎながら食事を楽しんでほしい」と、シェフが腕を振るうイタリアンやフレンチ、スペイン料理などの欧風料理が堪能できる。ボードにびっしり手書きされたランチメニューはパスタやカレー、肉料理など迷うほど豊富。新鮮野菜があふれんばかりの「サラダランチ」は、前菜にもサラダにも磐田の旬を詰め込んだ必食の一皿だ。数量限定なのでお早めに。

大半が女性客というレブールはスイーツにも手抜かりがない。「ほうじ茶のガトーショコラ」、「バスク風チーズケーキ」など常時5〜6種類が用意され、手作りならではのシンプルな味わいに「ふと食べたくなる」とリピートする人も多い。ディナーやお酒、テイクアウトまで多彩。どんなシーンでも立ち寄ることができるのも魅力だ。

三蔵珈琲店

サクラコーヒーテン

蔵のような白壁のお店で、割烹着を着て笑顔で迎えてくれるのは店主の三佳さん。子供の頃、親に連れて行ってもらった喫茶店が大好きでいつか自分の喫茶店を持ちたいと調理師の資格を取り、珈琲店に10年勤務し珈琲について学んだ。そんな三佳さんが惚れ込んだ、香りとコク豊かな神戸の炭火焙煎の豆で淹れてくれる三蔵ブレンド。お供には、自家製のケーキ、懐かしいプリンからぜんざいまで4,5種類を日替わりで提供。人気のあずき珈琲は、珈琲の中にあずきが入っていて一度頼むと癖になる不思議な美味しさ。

店内には、京都が大好きという三佳さんらしいこだわりが随所に溢れている。和雑貨、和洋の珈琲カップコレクション、子連れも安心の小上がり席、大人がちょっと珈琲のお供に楽しめるような駄菓子が入った瓶など、喫茶の時間を楽しんでもらいたいという思いに溢れた喫茶店。

小上がりがあり和雑貨が並ぶ和の喫茶店。カウンターの駄菓子もなつかしいものが揃う

1_割烹着姿の三佳さんが丁寧にハンドドリップで淹れてくれる　2_人気の珈琲ぜんざい680円。濃い目の珈琲ゼリーにバニラアイスとあんこ、黒蜜がかかる大人のデザート　3_月替りで届く限定コーヒー。色々な珈琲カップで出してもらえるのも楽しみのひとつ

和と洋が心地よい塩梅で
交じり合う喫茶店

大人がくつろげる

Recommend Menu
おすすめメニュー

- ●三蔵ブレンド　525円
- ●今月限定コーヒー
　　（月替わり）　680円
- ●珈琲ぜんざい　680円
- ●日替わり手作りケーキ
　　　　　　　　415円～
- ●気まぐれサンドイッチ
　　　　　　　　680円

三蔵珈琲店

浜松市東区上石田町587
☎053-489-6660
🕐9:30～16:30（16:00L.O）
㊡火曜＋不定休
🅿12台
🅗https://sacuracafe.hamazo.tv/

【テイクアウト】珈琲豆のみ販売
【クレジットカード】不可　Paypay 可
【席数】テーブル12席　カウンター5席
【煙草】全席禁煙
【アクセス】東名高速浜松ICより車で5分

浜松市浜北区

ポルトボヌール

ポルトボヌール

TAKE OUT

手間暇かけたお手製料理で
幸福感に包まれる

焼きたてのホットケーキにメー
プルシロップをとろ～りとかけて

086

2008年のオープン以来、常連が増え続けている評判の喫茶店。専用の銅板で焼き上げるホットケーキは、いたってシンプルな材料を使っているが唯一無二のおいしさ。ごろごろとした野菜がたっぷり入ったクラムチャウダーも、口に入れるとからだに味が染み渡り、なんとも幸せな気分になる。自家焙煎しているコーヒーは、常に鮮度の高いものを提供。コーヒーの香りが広がる店内は、実に居心地がいい。「日常の生活の中で、小さな幸せを感じてもらえる場所でありたい」という思いから始まったお店。他にもスコーンセットや朝粥セットなど多彩なモーニングメニューがそろい、朝のひと時を特別なものに変えてくれる。

オーナーの大塚さんは「料理はすべて手づくり。その手づくり感がお客様の安らぎに繋がってくれれば」と話す。大塚さんの温かい接客もお店の魅力に違いない。

1_落ち着いた雰囲気の店内は住宅街のカフェにふさわしく、誰もがほっとできる場所　2_モーニングの「スコーンセット」700円はサラダ、ドリンク付き　3_いけられた季節の花からもオーナーのお客さまへの心遣いが伝わってくる

ポルトボヌール

浜松市浜北区染地台1-44-17
☎053-585-5420
🕐7:00〜15:00、
　土曜・日曜・祝日〜18:00
休金曜
Ｐ7台
HPhttp://portebonheaur.com

【テイクアウト】あり
【クレジットカード】不可
【席数】カウンター3席、テーブル6席
【煙草】全席禁煙
【アクセス】遠州鉄道「西ヶ崎駅」より車で10分

take-out menu
おすすめテイクアウトメニュー

● Aセット　800円

他にもホットケーキ、キーマカレー、ドリンクなどテイクアウト出来る。事前予約がベター。前日までに予約すると100円引き。

山ぼうし茶房

ヤマボウシサボウ

豆の持つ良さや特徴が出るよう、浅めに煎る自家焙煎珈琲が人気。新鮮なコーヒーをさらに美味しくするため一杯ずつ時間をかけて淹れるのだが、ここでは「松屋式ドリップ」という珍しい抽出法を採用している。円錐の金枠ドリッパーを使い、通常より長く蒸らすことで濃い目のコーヒーを抽出。雑味が出ないよう早めにドリッパーを外して湯を注ぎ、飲みやすい濃さに調整する。こうすることで旨味だけを取り出しすっきりとした味わいに仕立てるのだ。

現代の和を表現した瀟洒な空間にもこだわりが。城郭のような外観は一見閉鎖的な印象だが、中に入ると開放感があり、大きくとられた窓から注ぐ陽光と庭の緑が目にも美しい。一段床を下げて外の景色と目線を合わせたカフェスペースや壁一面の大谷石がモダンな和室など、その日の気分で場所を選べるのも魅力。意匠息づく美空間も堪能しよう。

カフェスペースではお気に入りの本を片手に中庭の緑を眺めて。洗い出しの床は床暖房となっていて寒い日も快適

粋な和の趣とコーヒーで
もてなすくつろぎ空間

1_厳選素材で作る「自家製ワッフル」
550円。サクッと香ばしい生地に季節の
ジャムを添えて　2_コーヒーと人気を二
分する「抹茶ラテ」500円。磐田産の抹
茶をその場で点ててくれる香り高さが評
判　3_「山ぼうしブレンド」450円。コー
ヒー豆は全てスペシャルティ。良質な豆
を少量ずつ焙煎するのでいつでも新鮮
な味が楽しめる　4_京都の唐紙店へ特
注した唐紙を使った襖がモダンな和室

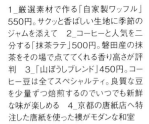

\静かな空間を/
\味わって/

山ぼうし茶房

磐田市富士見台17-1
☎0538-39-1187
🕐10:30〜19:00(LO 18:30)
㊡火・水曜
🅿6台
🆔yamaboushi.cafe

【テイクアウト】なし
【クレジットカード】可
【席数】カウンター4席、テーブル6席、座敷10席
【煙草】全席禁
【アクセス】JR磐田駅より車で12分

Recommend Menu
おすすめメニュー

● 山ぼうしブレンド　450円
● 抹茶ラテ　　　　500円
● カフェラテ　　　500円
● 自家製ワッフル　550円
● 抹茶アイス白玉あん
　　　　　　　　450円

Honey coco sweets

ハニココスィーツ

TAKE OUT

　浜名湖から歩いて3分というロケーションにあるスイーツ専門店。まるで南国を訪れたかのような雰囲気のお店に並ぶのは、フェアトレードの砂糖「ハニーココナッツ」を使用したスイーツの数々。ココナッツ椰子の花蜜を煮詰めて作るハニーココナッツは、キャラメルのような深みがあり、どれも優しい味わい。一般的な砂糖よりもからだにもやさしく、ミネラルも豊富。美容や健康を意識する人にもおすすめだ。

　オーナーの綿瀬さんの明るく気さくな人柄も、ここで過ごす時間にひと役買ってくれている。カフェでいただけるコーヒーもこだわり抜いており、コーヒー豆は舞阪の「豆乃木」から取り寄せたフェアトレードのメキシコ産マヤビニック。12時間以上かけて水出ししたアイスコーヒーはとげとげしさがなく、驚くほどまろやかな味わい。毎日飲んでも飽きのこない一杯だ。

ショーケースにはハニーココナッツを使ったスイーツがズラリと並ぶ

1_あたたかい季節は、浜名湖が望める屋上スペースが人気　2_シャキシャキ食感が楽しい「ハニココエアリーシェイクバニラ」540円。ショコラとストロベリーもあり　3_ハニーココナッツの濃厚なカラメルソースが特徴の「ハニココプリン」378円　4_一番人気の「ハニココベイクドチーズケーキ」356円。濃厚な味わいながら、しつこすぎない甘さが癖になる

ココナッツ椰子の花蜜でつくるスイーツ

Take-out menu
おすすめテイクアウトメニュー

● ハニココ豆乳焼きドーナツ
302円

プレーンやパイナップルなど30種類以上あり、常時10種類はお店にそろう人気の一品。その他、すべてのドリンク、スイーツはテイクアウト可能。

Honey coco sweets

浜松市西区古人見町709
☎053-489-9760
🕐11:00～17:00
休水～金曜
P15台
HP http://www.honeycocosweets.com

【テイクアウト】あり
【クレジットカード】不可
【席数】テーブル8席、テラス10席
※2021年3月現在は店内での飲食は中止
【煙草】一部喫煙可
【アクセス】JR舞阪駅より車で15分

仕事を忘れて
ゆっくり出来る

Fucu cafe

フクカフェ

　かき氷といえば、天竜のフクカフェのかき氷、という人も少なくないだろう。フクカフェのかき氷は、自然の寒さだけで凍らせるため供給量が気候によって左右される希少な天然氷の中でも更に希少な四代続く日光の天然氷屋徳次郎の氷から作られている。「天然氷は凍らせていく過程で不純物が削がれ工場で作られる氷とは味が全く違う。うちは天然氷ありきなんですよ」と話す店主の竹田さん。その天然氷に負けないよ

うにと、定番の苺、ブルーベリーからイチジク、栗まで季節のフルーツを使用したバラエティ豊かな自家製シロップと練乳も人気の秘密だ。天然氷をかくのは、氷の状態を見極めながら行う為夏季のシーズン竹田さん一人で行う。

　かき氷の季節以外にも、天竜の食材を使用したハンバーガーや地元のやぶきた茶を発酵した和紅茶、厳選したスペシャリティーコーヒーなども人気。

TVのスクリーンに日光4代目徳次郎の天然氷ができる過程のドキュメンタリーが流れる

天竜の山里に毎夏行列のできる天然氷カフェ

1_ポットでいれる味わいすっきりの天竜の和紅茶。605円。他にも天竜焙煎所のスペシャリティコーヒーも人気　2_遠州の小麦と豆乳を使用したワッフル。キウイの他にチョコレート、キャラメル、ブルーベリー、ラズベリー、ストロベリー　3_春野町の無添加バンズ、自家製BBQソース、合い挽き肉のパテ、とろけるチーズたっぷりのバーガー1,595円

Fucu cafe

浜松市天竜区二俣町二俣1242-1
📞053-925-8511
✉10:00〜19:00　18:00(L.O)
夏季は氷がなくなり次第終了
困月、火曜　祝日の場合は営業
🅿8台　夏期は臨時駐車場有
🔲http://fucucafe.com/

【テイクアウト】なし
【クレジットカード】可
【席数】テーブル22席
【煙草】全席禁煙
【アクセス】天浜線「二俣駅」より徒歩15分

珈琲茶屋 る・くるーん

コーヒーチャヤ ル・クルーン

　美味しいコーヒーと猫に癒されるカフェとして知られた存在で、奥にある3つのテーブル「ネコ観覧席」は空いていたら幸運。猫に触れることはできないが、気ままに過ごす6匹のニャンズを窓越しに眺めるだけでも最高の癒しとなりそう。ハンドドリップで丁寧に淹れるコーヒーはかつて掛川にあった「自家焙煎珈琲豆シロネコ」の豆が主役。コーヒーの香り高いアロマと愛らしい猫との相乗効果でさらなる癒しが得られるはず。

　健康を気遣う女性におすすめなのがルイボスブレンドティー。紅茶風味でほろ苦い「レッドルイボス」と緑茶風味でさっぱりとした「グリーンルイボス」があり、豆乳ラテや寒天入りなどバリエーション豊富に用意している。ボリューミーな焼きたてホットサンドやワッフルも好評。猫カフェとは一線を画す男性でも入りやすい落ち着いた空間。気軽に立ち寄ってみて。

入口の右手奥にある猫ルームには3つのテーブルを配置。あまりのかわいさに猫好きならずとも座りたくなる。猫たちの居住スペースと客席はガラスで隔てられている

1_色味が美しい「ルイボスブレンドティー」500円〜。ほんのり甘くクセのない飲みやすさで女性に人気。写真はレッドルイボス　2_キャラメル、チョコ、抹茶など10種類が揃う「焼きたてワッフル」550円〜。写真は「ベリー」650円。これでもかと乗ったベリーが贅沢　3_「自家焙煎珈琲シロネコ」の豆で淹れるコーヒーは飲みやすくまろやかな味わい。Lサイズはオリジナルの猫カップで提供

狙いはガラス越しに眺められるネコ観覧席

わたしたちに会いに来てね♡

Take-out Menu
おすすめテイクアウトメニュー

● 焼きたてホットサンド（ハムチーズエッグ）550円

ボリューム満点で手ごろな価格のホットサンドは5種類から選べる

珈琲茶屋 る・くるーん

掛川市中宿120
☎0537-64-7977
🕘9:00〜17:00（金・土・日曜〜20:00）
休月曜　ℙ10台
ℍℙhttps://www.instagram.com/cafeleclown/

【テイクアウト】あり
（ドリンク類、ホットサンド、ワッフル）
【クレジットカード】不可
【席数】テーブル29席
【煙草】全席禁煙（外に喫煙スペースあり）
【アクセス】JR掛川駅より車で5分
備考／営業時間は変更の場合があるので要確認

どこか懐かしい レトロ喫茶

茶色の使い込んだ机の上には、
固めのプリンに、クリームソーダー。
何度も通いたくなる、そんなレトロなお店を紹介します。

喫茶 みちくさ

KISSA MICHIKUSA

ハイセンスな昭和漂うノスタルジーな喫茶室

ビルのドアを開けてまずここは何屋だ?と驚く。鹿の剥製、蝶の標本、昭和初期の古箪笥にそろばん、そして2つのドアに喫茶みちくさ、御台所の表札。この個性的な踊り場だけで驚いていると、店内はさらに感動するレベルの昭和感とセンス。店主の日内地さんが、「昭和の喫茶のイメージでどうしても石壁にしたかった」という石壁に、欄間、古い西洋の絵画、地球儀、ランプ、全てが各々個性的なのに調和した居心地の良い不思議な空間。

ランチメニューのバターチキンカレー、人気の自家製ケーキは、長く飲食に携わってきた日内地さんらしい秀逸レシピ。カシューナッツ、コリアンダーなど数種類のスパイスを堪能できるピリ辛カレー、ありそうでなかなかないキャロットケーキはふわふわ食感にスパイスたっぷりで絶品。もちろん器もこだわりのアンティーク、細部まで魅せてくれる喫茶。

1_香り豊かなマリアージュフレールのマルコポーロのノンカフェインのルイボスティ420円とレモンの利いたコクのあるベイクドチーズケーキ430円　2_どの席に座っても店内のアンティークを楽しめる。

3_庭に面して明るく気持ちのよい半個室のテーブル席　4_カシューナッツ、コリアンダー、ターメリック、カイエンペッパーなど様々なスパイスで煮込んだピリ辛なバターチキンスパイスカレーセット1,100円。鶏の骨つき手羽先もほろほろの柔らかさ。人参のクミン風味のマリネ、ゴボウの甘辛炒めなどちょっとした箸休めの副菜が嬉しい。ご飯は、16穀米　5_マスカルポーネが入った滑らかな口当たりに上のパリパリのカラメルが絡み美味。クレームブリュレ430円　6_どこか懐かしい味がする何種類のスパイスとクルミが入ったキャロットケーキ430円とみちくさ珈琲420円

喫茶みちくさ

浜松市南区頭陀寺町350-7
☎053-465-3708
🕐11:00～17:00
🈺火曜、水曜、木曜、金曜　🅿7台
🌐https://www.instagram.com/
kissamichikusa/

【テイクアウト】なし
【クレジットカード】可
【席数】テーブル12席　カウンター1
【煙草】全席禁煙
【アクセス】遠州鉄道バス「頭陀寺」より
徒歩1分

✣ Recommend Menu ✣

バターチキンスパイスカレー
1,100円

白いケーキ　430円

クレームブリュレ　430円

メロンクリームソーダ
450円（季節限定）

みちくさ珈琲420円

101

cafe cumiche

カフェ クミーチェ

実家でくつろぐような ゆるり感に包まれて

季節ごとの眺めが楽しめる
庭に向けて椅子を配置。カッ
プルや友達同士で横並びに
おしゃべりを楽しむのも素敵

土間のあるカウンターキッチン、広い庭を楽しむ
縁側と寝そべりたくなるような和室。祖父母の家に
帰ったようなどこか懐かしさを感じる雰囲気に思わ
ず「ただいま」と言いたくなってしまう。そんな温かな
空気感が心地いい。「古いものって味わいと温か
みがあって大事にしたくなるんですよね」と笑う店
主・谷口久美子さんが空き家だった祖母の家を受
け継ぎ、もともと好きだったアンティークを独自のセン
スでちりばめてカフェへと再生。気取りない店主
との会話も楽しく、ついつい長居をしてしまうのも
もっともだ。

　カフェメニューは手間暇かけて焼く素朴なケーキ
が人気。おすすめは甘さを抑えた優しい味の「ベイ
クドチーズケーキ」や、コクのあるチョコレートがク
セになる「ガトーショコラ」。地元の上質な豆や茶
葉を取り寄せたコーヒーや紅茶をお供にリラックス
したひと時をどうぞ。

1_コクのあるコーヒーに適度な酸味と苦みが溶け込んだ「クミーチェブレンド」500円は、静波にある自家焙煎「コスモスコーヒー」から取り寄せたもの　2_数種類ある手作りケーキは日替わりで。何があるかはお楽しみに　3_土間に黒タイルのカウンターが映えるキッチン。昭和レトロな雰囲気におしゃれなインテリアがしっくりと馴染む　4_茶箪笥や柱時計など使い込まれた家具からも古き良き味わいが漂う

cafe cumiche

菊川市本所328
🏠非公開　🕐11:30〜16:00　🅿5台
🈂不定休（Facebookやインスタで確認を）
🌐https://www.instagram.com/cafe_cumiche

【テイクアウト】なし
【クレジットカード】不可
【席数】カウンター3席、テーブル6席
【喫煙】全席禁煙
【アクセス】JR菊川駅より車で5分
【備考】予約はLINE「@xmq7329d」にて。
不定期に登場するランチやオープン情報はSNSで確認を

茶居家

チャイカ

茶居家

42年の歴史を感じる昭和の懐かしい喫茶店

解放感のある広い店
内で、隣のお客さんの
会話も気にならない。

街中にありながらも、一歩踏み入れるとそこはジャズが流れるゆったりとした空間が広がる。年季の入ったカウンターと常連客、ステンドグラス、格子窓、ランプ型照明、木戸のショーケースに珈琲カップ、全てが昭和の時代の懐かしい喫茶店の光景。

ご両親がオープンした昭和の時代のそのままの姿を残したこのカフェを現マスター夫妻が数年前に引き継いだ。今では、常連客から新規の客で週末は行列ができる日もあるほど支持されるようになった。そのお目当ては、昔懐かしいナポリタンと固めのプリン。マスターの影山さんが昔の味を改良した、モチモチ麺に、酸味を消しコクのあるケチャップソースをからめ、鉄板のお皿で出されるその品はまさに理想のナポリタン。もう一方の人気のプリンも昨今の甘みの強いものでなく、昔ながらの苦めのカラメルが乗った懐かしい味で今また大人気。

1_茶居家ブレンド550円は、豊橋のgaragecoffeecompanyが、茶居家のイメージを豆の味に乗せて届ける。昔懐かしい苦めのカラメルのプリンとセットで1,000円　2_近くにコインパーキングが沢山あるので駐車してからこの建物を目指して　3_昔ながらのコーヒーの淹れ方にこだわる　4_酸味を徹底的に飛ばしたケチャップソースの甘みと鉄板に敷かれた半熟卵との絡みが美味。ボリュームも大満足の昔懐かしいナポリタン850円

茶居家

浜松市中区利町305−6
℡053-571-1346
🕐11:30〜17:00
休木曜、第3金曜　Ｐなし
📷https://www.instagram.com/chaika_cafe/

【テイクアウト】なし
【クレジットカード】不可
【席数】テーブル18席
【煙草】全席禁煙
【アクセス】浜松駅から徒歩10分

こみちカフェ

KOMICHI CAFE

古い教会をリノベーションした趣あるカフェ

学校の机など、家具も雑貨も全
てアンティークのものばかり。

キッチンを担当する友美さんとホール担当の母親民子さんが、二人三脚で営む天竜の国道152号線から小道を入ったところにあるカフェ。アンティーク好きの友美さんが、人目惚れしたという築50年の三角屋根の小さな教会をリノベーションしたカフェ店内は、友美さんセレクトのアンティーク家具、雑貨が並びどこか懐かしい空間。今では、カフェ好きの客が県外からも足を運ぶ。

この日のメニューの月替わりプレートは、チーズリゾットにタイのポワレ、白ワインのバンブランソース。月により、和食、サムゲタンやタイカレーなどジャンルにとらわれない。「常連さんも多いので楽しませたいし、自分を甘やかさないよう色々つくるんです」と笑う友美さん、何度来ても飽きないこみちらしさは、この友美さんの味と店へのこだわりだと納得。スイーツも全て自家製、こだわりの器でいただきたい。

1_ショーケースにアクセサリー販売あり。靴を脱いであがるのでどこかのお宅へ遊びに来たような感覚に。　2_大通りからこみちを入ると築50年の旧教会のこみちカフェ発見。　3_鯛のポワレとチーズリゾットをメインに、マカロニと白ネギのマスタード和え、マッシュポテト、グリルした野菜、濃厚なかぼちゃのポタージュが付く。皮ごとグリルした玉ねぎがオリーブオイルとソルトとシンプルなのに甘くて美味。　4_赤い色がきれいなハーブローズヒップティ460円はお肌にも美白などの良い効果あり。他にもミント、カモミールなど全4種のハーブティ。

こみちカフェ

浜松市天竜区山東4326
℡053-545-3335
✉11:00〜16:00
㊡日曜、月曜　🅿8台
🌐https://komichicafe.hamazo.tv/
index_2.html

【テイクアウト】なし
【クレジットカード】不可
【席数】テーブル18席
【煙草】全席禁煙
【アクセス】新東名高速浜松浜北ICから車で15分

❖ *❖*

Recommend Menu

こみちプレート	1,350円〜
こみちパスタ	1,350円〜
こみちピザ	1,270円
スイーツセット	1,050円
こみちブレンド	500円

❖ *❖*

浜松市東区

ガーランド

GARLAND

昭和の懐かしい雰囲気を残す老舗ジャズ喫茶

上_沢山の食器、CDの合間から、蝶ネクタイがトレードマークの店主鈴木さんが笑顔で出迎えてくれる。
下_日本の着物の帯を目隠し替わりに使用するのも遊び心いっぱいの店主鈴木さんのアイディア。

オープンしてから36年という浜松の老舗喫茶ガーランド。大のJAZZ好きの店主の鈴木さんが、JAZZ界の巨匠マイルスデイビスのお抱えピアニストだったレッド・ガーランドから名付けた。店内はそのメニューの多さや雑多な感じにどこか懐かしさを感じてしまう。アメリカのWEST LAKE社のスピーカーから流れる大き目のJAZZの音、店内には数千枚に上るジャズやクラシックのCD。音楽好きであれば、店主と音楽談話に花を咲かせるもよし、一人でゆっくり過ごしたい客にも、「ここは、休みの日にゆっくりきてもらうところ。何時間でもどうぞ」と鈴木さんは笑う。

珈琲、パフェ、クリームソーダ、炒飯からパスタまで豊富なメニューはなんと500種類以上、珈琲だけでも百種類近くあり、手作りの遊び心溢れるメニュー本も数冊あるのでオーダー選びにも時間が必要。ここはゆとりの時間が流れるおもてなしの喫茶店。

1_バターで焼いたチキンが入った、スパイス、生クリーム、まろやかさを出す隠し味として日本酒で仕上げたカレー味のスープ。バケット、サラダ付き。ボンソワールチキン1,090円 2_ケベックトースト380円。開店当時から価格を変えていない人気のメニュー。たっぷりのバターとメープルシロップを塗りトーストしたもの。温かいうちに生クリームを塗って召し上がれ。 3_大通りから50メートルほど離れているので交通量は少ない。エントランスに沢山のメニューが貼られるのも36年変わらぬガーランドのスタイル。 4_バッハの珈琲カンタータ690円。珈琲好きのバッハ作曲のカンタータから名付けたメニュー。ケーキの代わりに珈琲と深煎りの豆を砕いたのもが入った生クリームで大人のカフェタイムを過ごしてみては?

ガーランド

浜松市東区篠ケ瀬町1040
℡053-463-7460
⊠10:45～21:00
困第2,3火曜 ℗10台
facebook.com/CaferossiMCA

【テイクアウト】なし
【クレジットカード】不可
【席数】テーブル32席
【煙草】全席禁煙
【アクセス】JR天竜川駅より徒歩15分

磐田市

cafe kamalam

古民家カフェ
cafe kamalam

コミンカカフェ　カフェカマラ

京町家風の古民家でエキゾチックな旅気分を

キッチンカウンターの奥に広がる
庭の眺めにホッと一息。ソファや
座卓など好きな場所でくつろいで

110

旧市街地の路地裏。ここだけ時が止まったかのようなノスタルジックな街並みをたどると現れるのが京町家風の古民家だ。祖母の家だったという明治時代の建物をリフォームコーディネータであった店主自らがリノベーション。古い箪笥や座卓、柱時計など大切に譲り受けた家具類にモダンなソファや小粋なグリーンなどが交わり合い、懐かしさの中にもセンスを感じる空間となっている。

料理のテーマは無国籍。メインを選べる週末のプレートランチには、インドのサモサやフィリピンの煮込み料理など各国の家庭料理が添えられることも。スパイスが素材の味を引き立たせるエキゾチックな味わいも楽しみの一つだ。中庭の眺めが美しい昼もいいが温かな灯がこぼれぐっとムーディな雰囲気になる夜も格別。週末は格子窓の前にしつらえたカウンターでワインを片手にゆったりと楽しもう。

1_格子戸を開けると古びた柱時計や棚がある土間が。小気味よく飾り付けられた調度品を見ながら靴を脱いで　2_温かな灯が漏れる夜の雰囲気も素敵。夜カフェでシックな大人時間を　3_程よい甘さの「キャラメルナッツのケーキ」400円。インドから取り寄せる茶葉やスパイスを使った香り高い「チャイ」500も人気。ケーキとドリンクのセットで50円引き(14時以降)　4_変わりご飯や地元の季節野菜キッシュや無国籍料理のデリなど彩りよく盛り込んだ「週末ランチ(自家製ローストビーフ)1,500円」

古民家カフェ　cafe kamalam

磐田市中泉1345-2　☎0538-32-5520
✉11:30〜21:00(月・火曜〜18:00)
困水・木曜、最終火曜　Ⓟ4台
ⓗインスタ:cafe_kamalam
【テイクアウト】あり(ケーキ、本日のキッシュ)
【クレジットカード】可
【席数】カウンター8席、テーブル9席
【煙草】全席禁煙
【アクセス】JR磐田駅より徒歩7分
【備考】ランチは要予約。問い合わせや予約はライン公式アカウント「@383jxpmx」まで。駐車場が少ないため1グループ1台の乗り合いで

★　磐田パークホテル
青島循環器内科
御殿陸橋
卍中泉寺

❖ *Recommend Menu* ❖

メインが選べる週末ランチ
　　　　　　　　　　1,500円
自家製ローストビーフ／チキン／
週替わり(ミニキッシュ、ドリンク付き)

週末キッシュランチ(ドリンク付き)
　　　　　　　　　　1,350円

平日ランチ(ドリンク付き) 1,350円

コーヒー　450円〜

チャイ　500円

各種スイーツ　400円〜

掛川市

Antique Cafe Road

アンティークカフェロード

旅気分で秘境へワープ、山の中のレトロカフェ

木の電柱や古時計などを数々のアンティークを配したレトロな空間。まるで映画の世界を訪れたみたいな不思議な世界観

もとは酪農に使われていた廃墟の牛舎をオーナーの大場サダヲさんがコツコツとリノベーション。建物は無骨で古びた錆感が味わいを醸し、古道具の他、アンティークの家具やバイク、雑貨が並ぶ店内は異空間に迷い込んだかのよう。最大の魅力は、深い緑をたたえる絶景の中で過ごす極上の時。手つかずの緑が目に飛び込む窓辺の特等席でとびきりの癒しを手に入れたい。もちろん、ソファに身を沈めるもよし、そよ風がなびくテラス席で開放感を味わうのもいい。

　この場所を見た時「ここでせせらぎを聞きながらコーヒーが飲めたら最高!」とひらめいたという大場さん。渓流を眺めながらの一杯は格別でおいしさもひとしおだ。オリジナルのカレーやパニーニなどフードも本格派。「開店から閉店まで長くどうぞ」と迎えてくれるロードは足をのばして訪れ、あえてゆったりとしたいそんな場所だ。

1_「パンのセット(ハム&トマト&チーズのパニーニ)」1,100円。香ばしいパニーニのサンドは食べごたえあり。スープも季節の素材で手作り　2_クラシックなバイクがお出迎え。大人の秘密基地のようなワクワク感が!　3_一杯ずつ丁寧に淹れる「roadオリジナルブレンド」550円　4_ロードには8匹の猫が気ままに暮らしている。ペットを連れての店内同伴もOK。今までにアヒルやミーアキャットが来店したことも。「動物が苦手な方はテラス席へ(笑)」とのこと

Antique Cafe Road

掛川市大野1776-7
☎090-4853-0851
✉11:00〜16:00　休月・火曜　P50台
HP https://www.instagram.com/
antiquecaferoad
【テイクアウト】なし
【クレジットカード】不可(PayPayのみ)
【席数】カウンター5席、テーブル42席、テラス16席
【煙草】外に喫煙所あり
【アクセス】掛川バイパス八坂ICまたは日坂ICより車で約10分
【備考】予約受付なし、子連れ可、ペット可

森町

自家焙煎珈琲屋
百珈

ジカバイセンコーヒーヤ　モカ

時を刻み続ける古民家で自家焙煎コーヒーを

店主の奥様がほぼ一人で改修して息を吹き返した築120年の古民家。挽きたてのコーヒーの香りとクラシックのBGMが非日常の世界へといざなう

114

遠州の小京都・森町。中心部を過ぎ春野方面へ進むと緑色の暖簾が印象的な古民家が見えてくる。ここが知る人ぞ知る自家焙煎珈琲屋「百珈」だ。黒光りした梁のある高い天井にセンスの良いソファ、畳敷きのカウンターなどをしつらえた空間に穏やかな空気とコーヒーの香りがふんわり漂い、一杯を待つ時間さえも幸せに感じるほど。

　豆はコロンビアやグアテマラなど馴染みのあるものからハイチやドミニカ、インドなどめずらしいものまで16種類を用意。産地はもとより浅煎り、中煎り、中深煎り、深煎りと炒り方も様々で、酸味やコク、苦みなどそれぞれに味が異なり、香りや色味も多彩で個性豊か。まずは口にして好みを見つけてほしい。注文を受けてから豆を挽き、心を込めて注ぐハンドドリップのコーヒーはシンプルな中にもこだわりが凝縮。わざわざ一杯のために訪れたい店だ。

1_店内にある焙煎機で1日2種類ほどをローストする。気温や湿度、豆の状態などにより火力や火入れ時間など微妙なさじ加減で調整。ハンドピックで不良豆を取り除くなど、最高の一杯のための手間暇は惜しまない　2_焙煎珈琲の老舗、東京のカフェ・バッハで学び、焙煎の奥深さに惹きこまれたという店主・早川直之さん。「森町で人が集まる場所を作りたい」と会社を退職し店を開いた　3_浅煎り〜深煎りまで豆にそれぞれに個性があり、この日はハイチ、コスタリカ、グアテマラ、インドの4種類を飲み比べ。店内ではどの種類の豆も1杯500円で味わえる　4_森町の山あいにある昔ながらの建物。大きな緑色の暖簾が目印

自家焙煎珈琲屋 百珈

周智郡森町問詰610-1
☎0538-85-0866
🕐10:00〜18:00　困金曜　🅿5台
🌐https://coffee-hyakushoubito.amebaownd.com

【テイクアウト】あり（コーヒー、コーヒー豆）
【クレジットカード】可
【席数】カウンター2席、テーブル10席、テラス2席
【煙草】外に喫煙スペースあり
【アクセス】新東名高速・遠州森スマートICより車で10分
【備考】電話、Fax、Eメールにて通販も可

Recommend Menu

豆or粉　100g・600円〜

一杯淹て（どれでも）　500円

テイクアウト（どれでも）　450円

ドリップパック　1個150円〜

今月のお菓子　200円〜

テラス席でのんびりできるカフェ

天気のいい日にはオープンエアーのテラス席で、ゆっくり深呼吸。
心も体も生き返るカフェです。

［刺激的でクリエイティブな庭］

REANDY

リアンディ

自然の中広々とした敷地のハンモックで
寛ぎたい。静岡BBQ協会が準備してく
れる本格的な貸し切りBBQスペース、貸
し切りのドッグランなど様々なレンタルス
ペースをご用意。使い方は人それぞれ。

海外から取り寄せたという何十枚もの古い窓枠やドアでできた現代アートのような建物。ヒトとヒト、モノとモノ、コトとコトがつながれる場所、「あなたの二つめの庭」をコンセプトに2020年にオープンしたREANDY。織物工場から廃棄された木製の糸巻きが重ねられたパーテーションや廃木材に古着のジーンズを貼った椅子など、店内には廃材などがリユースされ、お洒落に生まれ変わった家具やオブジェが並ぶ。敷地内にはカフェ、ハンドメイド雑貨、物々交換の出来る図書館、キッチン、キッズスペース、ドッグラン、アンティークショップ、BBQスペースなど完備されている。

平日はカフェのみの提供でフードは持ち込み可。こだわりのソフトクリーム、お茶屋光緑園とのコラボのほうじ茶ベースのドリンクなども楽しめる。毎週末入れ替わるコラボの店舗のフード、スイーツなどが楽しめる。浜松の新しい人気スポットになること間違いなし。

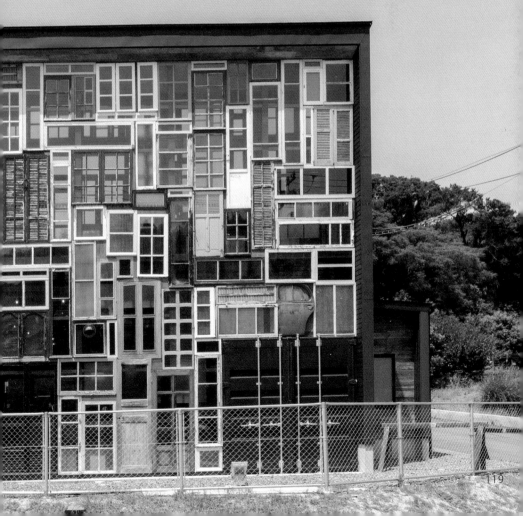

1_地元のお茶屋のほうじ茶を使用したチョコレートホージー600円。ほうじ茶とミルク、チョコレートの組み合わせが絶妙。　2_香料、保存料など無添加のオーガニックフルーツの果汁を使用した見た目も可愛らしいイタリアのオーガニックソーダ500円。シチリアレモン、ブラッドオレンジ、ザクロの3種。　3_店内のドライフラワー、壁の至る所に並べられたオブジェに圧倒される。一面の窓枠の壁から光が射しこみ室内も気持ちがよい。　4_アンティークな雑貨なども買うことができる　5_北海道の濃厚な牛乳を使用したこだわりのソフトクリーム400円。口当たりはとてもなめらか。

REANDY

浜松市西区雄踏町山崎6265-1
℡053-489-8000
平日11:00〜16:00
土日祝11:00〜17:00
困水曜　ℙ90台
🌐https://www.reandy.jp/

【テイクアウト】あり
【クレジットカード】可
【席数】テーブル23席　テラス120席
【煙草】一部喫煙可
【アクセス】浜松西インターから車で12分

Take-out Menu
おすすめテイクアウトメニュー

●シフォンケーキ　250円

コラボ店の西区のシフォンケーキ屋のふわふわなシフォンケーキ。他にも抹茶味など種類豊富なラインナップ。

［浜松市中区］

OORT CLOUD COFFEE

オールトクラウドコーヒー

1_Nicaragua Cup of Excellence 2020入賞のニカラグア/トゥリアのチェリーの風味がするコーヒー500円。現在は販売終了　2_ウッドの温かみのある店内には焙煎のよい香りが漂う　3_緑を眺めるテラス席

自然豊かな四ッ池公園の入口に佇むブルーグレーのスタイリッシュな平屋の焙煎屋。ウッドベースの温かみのある店内には、アメリカの半熱風式の焙煎機で煎られた珈琲の芳醇な香りが漂う。珈琲豆の味がストレートに出るフレンチプレスで店主の藤森さんが淹れるのは厳選された5、6種類のスペシャルティコーヒーのみ。スペシャルティコーヒーとは、From seed to cup珈琲の豆からカップまでの総ての段階において体制、工程、品質管理が徹底していることが認定された上に、試飲審査で味まで評価された選りすぐられた最高品質の豆のこと。そんなスペシャルティコーヒーに魅せられ焙煎屋をスタートした藤森さん「お客様に試飲してもらいお気に入りの香り、味を選んでほしい」と全種試飲OK。試飲させてもらうと、日常に飲んでいた珈琲と香り、フルーティな酸味が全く違うことに感動するはず。

アメリカのスタイリッシュな焙煎機がなんともかっこよい。

4_四ツ池公園入口のすぐ隣にある一軒家の焙煎屋さん。お散歩の途中に寄りたい　5_ビターブレンドのアイスコーヒー450円。全ての豆は店頭販売されているのでお気に入りを購入できる

OORT CLOUD COFFEE

浜松市中区幸3-14-8
☎053-523-8379
🕐12:00〜17:00
🈺日曜、月曜　🅿2台
🌐https://www.oortcloud-coffee.com/
【テイクアウト】あり
【クレジットカード】不可
【席数】テラス7席(犬連れOK)
【煙草】全席禁煙
【アクセス】遠鉄バス「四ツ池公園入口」より徒歩8分

Take-out Menu
おすすめテイクアウトメニュー

● コーヒー
400円
● コーヒー豆
100g700円〜

芳醇な香りに感動するスペシャリティコーヒー。それぞれの農園ごとに違う味を楽しみたい。藤森さんとのお喋りも楽しい珈琲タイム。

浜松市北区

TAKE OUT

Garden Cafe HACKBERRY

ガーデンカフェハックベリー

1. 甘酸っぱさとチキンの旨味がマッチする果樹園で採れたイチジクのジャムのチキン竜田　テイクアウト1,320円（税込）ドリンク、ディルのポテトサラダにバジルのサラダが付き　2 連理の木の下は特等席だ。冬は夕方から連理の木がライトアップされてとてもロマンチック。

ブルーベリー、レモン、柚子など木が広がる果樹園が経営する、フルーツをふんだんに使った料理を得意としたカフェ。カフェ店内から連理の木や果樹園など眺めながら過ごすカフェタイムもいいが、ハックベリー（榎）の巨大な連理の木の下のテラス席で優雅に四季を感じながら過ごすカフェタイムは日常を忘れて身も心もリラックスさせてくれる特別な時間だ。

ランチ、スイーツ、ドリンクまで殆どのメニューに果樹園の果実が使用されており、ランチのサンドイッチのジャムやドリンクもたわわに実る果樹園のレモンで作ったレモンシロップのスカッシュやビネガーなど自家製が嬉しい。パティシエが作る月替わりのスイーツプレートは、ブルーベリータルトなど旬のものから、ハロウィン、クリスマスなどイベント限定のスイーツセットも可愛らしくインスタ映えすると人気だ。

果樹園で採れたレモンのシロップをベースにしたレモンスカッシュ。甘酸っぱさが美味。外で味わうと格別に美味しい。

4_クリスマスには大きなクリスマスデコレーションが迎えてくれる。　5_窓から庭のハックベリーの連理の木が望める。窓から四季が楽しめる。

Garden Cafe HACKBERRY

浜松市北区都田町8497-2
📞053-428-7003
🕐11:00～17:00（L.O.16:00）
🈵月曜・第2火曜（その他年末年始などの特別休有り）　🅿30台
🏠cafe-hackberry.com

【テイクアウト】あり
【クレジットカード】不可
【席数】テーブル10席
【煙草】全席禁煙
【アクセス】東名高速浜松SAスマートICより車で約10分

おみやげにいかが？

Take-out Menu
おすすめテイクアウトメニュー

● 動物マドレーヌ　162円

クマとウサギの可愛らしいマドレーヌが子供から大人まで人気だ。他にもクッキー、サンドイッチなどもテイクアウト可能。

（地図）
都田総合公園
カインズモール
バルカーセイキ
遠州
東光高品
都田図書館
都田南小

浜松いなさJct

吉川峠

いなさGC

引佐トンネル

阿多古川

杉峠

パインフラットGC

浜松いなさ

浜松SA

瓶割峠

北区

都田駅

フルーツパーク

岩水寺駅

宇利峠

富幕山トンネル

方広寺

天竜浜名湖鉄道

三ヶ日Jct

摩訶耶寺

西気賀駅

龍潭寺

DLoFre's café (P020)

長楽寺

Garden Cafe
HACKBERRY (P122)

milou (P038)

常葉大学前駅

金指

フルフエ ボンボンルル カフェ (P036)

coffee
CARON (P048)

奥浜名湖駅

三ヶ日駅

三ヶ日

寸座駅

Bistro&Sweets Café
cloche (P066)

遠州小松駅

ボルトボヌール (P086)

尾奈駅

都筑駅

浜名湖SA

Liebling (P076)

お茶の間のおと (P034)

三ヶ日山

CALLIES (P030)

横志駅

かんざんじ

三蔵珈琲店 (P084)

松見ヶ浦

OneFrit (P058)

cafe&kitchen
LIBERTY (P014)

さぎの宮駅

浜名湖

Honey coco sweets
(P090)

Place Mange (P064)

OORT CLOUD
COFFEE (P118)

Cafe Soco

湖西市

はまゆう大橋

REANDY (P116)

confiture (P036)

中区

上島駅

天竜川駅

鷲津駅

珈琲香爐 (P074)

西区

Maple café (P044)

曳馬駅

フルーツパーラー
ガーランド (P108)

BONZO COFFEE
(P022)

ザ ハマナコ

Cafe & Dining
Re:voice (P070)

助信駅

TASTAS
(P056)

東海道新幹線

STROKE (P046)

高塚駅

スイカ
(P010)

浜松駅

tae cafe
(P054)

新居関所

新居町駅

しゃばしゃばの
私設図書館 (P080)

fika112
(P006)

喫茶みちくさ
(P098)

掛塚橋

大倉戸

新居浜

弁天島駅

舞阪駅

坪井

37CAFE
(P028)

遠州大砂丘

南区

もへじ珈琲店
(P040)

遠州大橋

新浜

篠原

まるたけ堂珈琲
(P078)

芳川

INDECO cafe
(P018)

浜松市役所

浜松

遠州病院駅

裁判所

県総合庁舎

東小

開誠館高・中

MEICOFFEE&
GALLERY (P016)

第一通り駅

きの珈琲 (P068)

馬込橋

La Pullman Caffé (P032)

茶居家
(P104)

浜松

三菱UFJ

浜松局

オークラ

浜松駅

馬込橋

新浜松駅

ザザシティ

浜松科学館

セレクトイン

コート
辻梅新館

JR浜松駅周辺

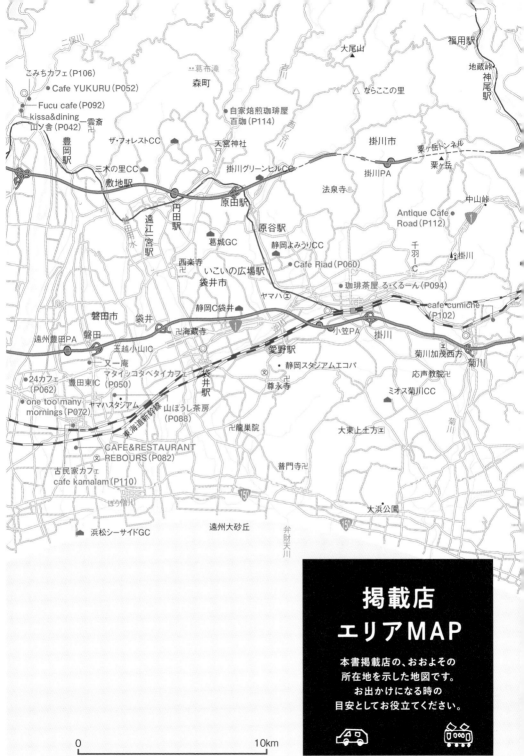

こみちカフェ（P106）
● Cafe YUKURU（P052）
● Fucu cafe（P092）
kissa&dining 雲斎卍
山ソ舎（P042）
豊岡駅
二保川
葛布滝
森町
大尾山
福用駅
地蔵峠
神尾駅
ならここの里

自家焙煎珈琲屋
百珈（P114）

ザ・フォレストCC
天宮神社
掛川市
三木の里CC
敷地駅
掛川グリーンヒルCC
掛川PA
栗ヶ岳トンネル
栗ヶ岳

円田駅
遠江一宮駅
原田駅
法泉寺
中山峠

原谷駅
Antique Cafe
Road（P112）
千羽
ーC
掛川

葛城GC
西楽寺
いこいの広場駅
袋井市
静岡よみうりCC
Cafe Riad（P060）
珈琲茶屋 る・くるーん（P094）
cafe cumiche
（P102）

磐田市
袋井
静岡C袋井
ヤマハ
菊川加茂西方
菊川

遠州豊田PA
磐田
卍海蔵寺
玉越小山IC
小笠PA
掛川

又一庵
マタイッコタベタイカフェ（P050）
豊田東IC
袋井駅
愛野駅
静岡スタジアムエコパ
尊永寺
応声教院卍

ミオス菊川CC

24カフェ
（P062）
one too many
mornings（P072）
ヤマハスタジアム
山ぼうし茶房
（P088）
東海道新幹線
卍龍巣院
大東上土方

CAFE&RESTAURANT
REBOURS（P082）
普門寺卍

古民家カフェ
cafe kamalam（P110）

浜松シーサイドGC
遠州大砂丘
弁財天川
大浜公園

掲載店 エリアMAP

本書掲載店の、おおよその
所在地を示した地図です。
お出かけになる時の
目安としてお役立てください。

0   10km

Staff

編集・制作

（有）マイルスタッフ
TEL:054-248-4202
http://milestaff.co.jp

取材・撮影

梶岡和香奈

御手洗里美

鈴木詩乃

河田良子

宮﨑櫻子

デザイン・DTP

山本弥生

小坂拓也

浜松　カフェ日和　ときめくお店案内

2021 年 4 月 20 日　　　第 1 版・第 1 刷発行
2023 年 12 月 10 日　　　第 1 版・第 5 刷発行

著　者　ふじのくに倶楽部（ふじのくにくらぶ）
発行者　株式会社メイツユニバーサルコンテンツ
　　　　代表者　大羽　孝志
　　　　〒102-0093 東京都千代田区平河町一丁目 1-8
印　刷　三松堂株式会社

ご意見・ご感想はホームページから承っております。
ウェブサイト　https://www.mates-publishing.co.jp/

企画担当：千代　寧